중동이 건넨 말들

일러두기
1. 책명은 《 》로, 영화·음악·조약·협약·논문·보고서 명은 홑꺾쇠〈 〉로 묶었다.
2. 직접인용 문구는 겹따옴표 " "로, 간접인용과 혼잣말, 강조 문구는 홑따옴표 ' '로 표기했다.
3. 인명과 지명은 외래어 표기법을 따랐고 관용적으로 쓰이는 이름은 그대로 표기했다.
   원어명은 본문에서 처음 나오는 위치에 표기했다.

MIDDLE EAST

중동이 건넨 말들

백정순 지음

신과 인간, 사막과 문명으로 이어지는 중동 인문 기행

이란, 오만, 아랍에미리트, 이집트, 이스라엘, 요르단, 레바논, 튀르키예

추천사

❖❖❖

아랍은 오래전부터 우리에게 친구의 나라였습니다. 통일신라 시대, 아라비아 상인들은 향료와 유리 제품을 가지고 와서 교역을 시작했습니다. 그 인연은 오늘날 아랍에미리트에 원전을 함께 짓는 협력으로 더욱 깊어졌습니다. 천년의 시간을 건너, 이제 우리는 함께 미래를 설계하는 파트너가 되었습니다.

저희 한국-아랍소사이어티는 한국과 아랍 22개국이 함께 참여한 플랫폼으로서 경제 협력을 넘어 문화와 인적 교류 전반에 걸쳐 진정한 상호 이해를 증진하는 데 앞장서고 있습니다. 이러한 협력이 지속적으로 확대되고 있음에도, 문화적 인식의 간극은 여전히 존재합니다.

이런 시기에 아랍에미리트 원전 건설 현장에서 일한 한국인이 중동 각국을 직접 여행하며 겪은 체험과 통찰을 책으로 펴냈다는 소식은 매우 반갑고도 의미 있는 일입니다. 이 책은 중동인의 삶과 문화 그리고 그 안의 정서까지 담아낸 귀중한 기록입니다. 특히 저자는 낯선 땅을 '대상'이 아니라 '동반자'로 바라보며, 문화의 이면을 향한 따뜻하고 진중한 시선을 잃지 않습니다. 이러한 타 문화를 향한 경청과 존중의 자세야말로 진정한 교류의 시작이자 우리가 지향해야 할 세계 시민의 태도일 것입니다.

시간 가는 줄 모르고 원고를 읽었습니다. 이 책은 단지 중동을 '보는' 것이 아니라 '함께 걷는 친구'로 바꿔 줍니다. 독자 여러분께도 그 여정에 동행해 보시길 권합니다.

— 김창모 (한국-아랍소사이어티 사무총장, 전 외교부 주 알제리·카타르 대사)

◊◊◊◊

사막에서 함께 일했던 동료가 책을 낸다는 소식을 들었을 때, 마치 내 일처럼 기뻤습니다. 특히 저와 함께했던 여행 이야기가 담겨 있어서 더없이 반가웠고 읽는 동안 당시로 돌아가서 시간여행을 했습니다.

원고를 읽으며 떠오른 것은 거친 바람과 황량한 사막이 아니라, 초록의 따스함이 감도는 평온한 오아시스 같은 중동의 풍경이었습니다. 저자는 낯선 땅에서 사람들과 진심으로 소통하며 편견을 걷어내고 그 문화를 깊이 이해하고자 애썼습니다. 그 열린 시선은 독자에게도 타문화를 있는 그대로 바라보고 포용하는 감수성을 전합니다.

우리는 아랍에미리트 원전건설을 성공적으로 완수하고 체코 등 더 넓은 글로벌 원전 시장으로 나가고 있습니다. 이 여정에서 기술력 못지않게 중요한 것은 현지 문화에 대한 깊은 이해와 존중의 태도입니다. 협상의 문은 기술로 열지만 그 문을 지켜 주는 것은 결국 사람에 대한 이해와 문화적 공감입니다.

그런 점에서 이 책은 단순한 여행기가 아니라, 글로벌 현장을 준비하는 이들에게 꼭 필요한 '문화 감수성의 교본'입니다. 해외 사업을 준비하는 이들에게는 든든한 지침서가, 중동은 물론 유럽으로 향하는 모든 이들에게는 믿음직한 길동무가 되어줄 것입니다.

— 남요식 (한국원전수출산업협회 본부장)

저자는 언제나 맨 앞줄에 앉아 호기심 가득한 눈빛으로 수업에 임하던 학생이었습니다. 공공 행정을 공부하는 가운데 사람, 현장, 문화라는 키워드에 주목하여 종종 강의실 밖의 질문을 던지곤 했습니다.

이 책은 그런 저자의 관심과 호기심이 현장에서 살아 숨 쉬는 경험과 만나 빚어낸 결과물입니다. 중동 각국의 도시와 사람, 문화와 관습을 직접 체험한 그는 행정학의 시선으로 새로운 문화를 바라보는 작가가 되었습니다. 문화적 차이를 정면으로 마주하며 타인과의 관계 속에서 공감하고 사유하려는 그의 시선이 책 전반에 배어 있습니다.

저자가 현업에서 바쁜 시간을 쪼개 이런 유익한 책을 펴냈다는 사실에 박수를 보냅니다. 그의 유쾌한 입담이 글에서도 자연스럽게 드러나 읽는 내내 즐거운 여행자의 매력이 전해집니다.

문화와 공동체, 사람에 대한 이해야말로 사람을 향하는 행정과 정책의 출발점입니다. 그런 의미에서 이 책은 중동을 여행하려는 분들뿐 아니라 글로벌 무대에서 일하는 이들에게 길잡이가 될 것입니다.

― 김병조 (서울대학교 행정대학원 교수)

프롤로그

사회 초년생 시절, 재미 삼아 본 사주에 이런 문장이 있었다. "당신은 해외에서 일할 운이 있습니다." 속으로 피식 웃었다. '우리 회사는 해외 지사도 없는데, 개 풀 뜯어 먹는 소리 하고 계시네.' 그런데 놀랍게도 몇 년 뒤 회사에서 해외 사업을 시작했다. 그분은 분명 미래를 보는 '선구안'이 있는 용한 역술인이었다. 십여 년 뒤 나는 운명에 정해진 대로 아랍에미리트 원전 건설 현장 근무에 지원했다. 돌이켜 보면 그것은 낯선 세계로 향하는 운명의 예고였는지도 모른다.

2015년 추석 저녁, 급히 짐을 챙겨 아부다비행 에티하드 항공기에 올랐다. 열 시간을 날아 도착한 공항에서는 청동으로 만든 낙타 한 마리가 묵직한 눈빛으로 나를 맞아 주었다. 자동문이 열리자 에어컨 실외기에서 뿜어져 나오는 듯한 뜨겁고 강한 열기가 온몸을 덮쳤다. 안경알엔 금세 김이 서렸고, 눈앞은 뿌옇게 흐려졌다. "아, 여기가 중동이구나." 안경 너머로는 모래빛 낯선 풍경이 서서히 다가왔다.

가족들은 걱정이 많았다. 중동 하면 누구나 테러, 전쟁, 불안정한 치안을 떠올린다. 9.11 테러, 팔레스타인 분쟁, IS…. 나

역시 마음 한켠엔 막연한 불안감이 자리하고 있었다. 그래서 다짐했다. 이슬람과 중동에 대해 직접 배우고 이해해 보자. 또한 내가 살아가야 할 땅의 문화와 역사를 공부하는 것은 외국인으로서의 예의이기도 했다.

가까운 모스크에 가 보기도 하고 이슬람 기도 프로그램에도 참석해 보았다. 이희수 교수님의 《이슬람 학교》는 바이블처럼 늘 곁에 두고 읽었다. 무함마드의 생애부터 수니파와 시아파의 분파 이유까지 자료를 찾아 읽으며 서서히 이슬람의 문화와 역사에 익숙해져 갔다.

근무 중 짬이 나는 연휴나 휴가 때면, 아랍에미리트와 인근의 중동 국가들을 여행했다. 지리적으로 접근성이 좋아 여행하기에 더없이 좋은 기회였다. 에피소드도 많았다. 안경을 잃어버려 밤에도 선글라스를 끼고 며칠을 지낸 적도 있었다. 혼자 여행할 때는 스스로와의 대화에 집중했고 동료들과 함께할 때는 음주에 집중했다. 그렇게 조금씩 중동인이 되어 갔다. 뉴스에서 중동 이야기가 나오면 한마디쯤 거들 수 있게 되었고 가족과 지인들도 내 설명을 들으며 안심하는 눈치였다.

이 책은 2015년부터 2019년까지 아랍에미리트에서 근무하며 직접 보고, 듣고, 느낀 중동에 대한 기록이다. 그중에서도 실제로 여행한 8개국인 이란, 오만, 아랍에미리트, 이집트, 이스라엘, 요르단, 레바논, 튀르키예를 중심으로 내용을 구성했다. 방문했던 도시의 역사, 문화 그리고 그 여정 속에서 겪은 다양한 이야기들을 함께 담았다.

1부는 고대 페르시아의 숨결이 남아 있는 이란에서 출발한다. 2부는 신드바드의 고향 오만, 3부는 전통과 현대가 공존하는 아부다비와 두바이로 이어진다. 4부에서는 나일강의 기억을 품은 이집트, 5부 이스라엘에서는 유대교·기독교·이슬람교의 성지를 차례로 둘러 본다. 6부는 고대 바위 도시 페트라가 있는 요르단, 7부는 페니키아의 땅 레바논, 마지막 8부에서는 오스만 제국의 유산이 살아 있는 땅 튀르키예에서 마무리한다.

각 장 말미엔 이슬람과 중동 문화를 소개하는 짧은 꼭지를 덧붙였다. 황량한 사막 한가운데에서 시작된 작은 신앙이 어떻게 단시간에 인류 보편의 종교로 자리 잡았는지 그 역사적 이유와 맥락을 함께 살펴보았다. 또 내가 생활했던 바라카 원전 캠프에서만 경험할 수 있는 특별한 일상도 기록했다. 뜨거운 햇살 아래 흘린 땀방울 속엔 그곳에서만 만날 수 있는 보석 같은 이야기들이 숨어 있었다.

전문가처럼 방대한 지식을 가진 건 아니지만 직접 부딪히며 익힌 중동의 진짜 얼굴을 전하고 싶었다. 여행지에서 만난 사람들은 의외로 다정했고 따뜻했다. 이란의 작은 게스트하우스에서 조식을 챙겨 주시던 할머니는 돌아가신 외할머니를 떠올리게 했고 레바논 숙소에서는 세계 각지에서 온 청년들과 단박에 친구가 되어 맥주를 마시며 긴 밤을 지새웠다. 뉴스 속 중동은 늘 위험으로 가득했지만 내가 만난 중동은 그와는 전혀 다른 얼굴을 하고 있었다. 그곳에도 우리처럼 하루하루를 살아가는 평범한 사람들이 있었다.

낯선 땅에서 마주한 사람들과의 만남, 그리고 그때마다 밀려 왔던 감정의 파동, 그것이 이 기록을 남기게 된 가장 큰 이유였다. 이 책을 통해 이슬람에 대한 편견이 조금이나마 걷히고 중동이라는 낯선 세계가 우리에게 한 뼘쯤 가까워진다면 나는 그걸로 충분히 보람을 느낄 것이다.

글을 쓰는 동안 나는 다시 한 번 그 시절로 여행을 떠났다. 희미했던 기억들이 하나둘 떠올랐고 그때의 설렘과 낯설었던 풍경, 따뜻한 온기와 뜻밖의 놀라움이 생생히 되살아났다. 어느새 마음은 다시 중동의 한가운데를 떠돌고 있었다.

그렇게 사막의 기억을 더듬던 마음은 뜻밖의 현실과 맞닿았다. 글을 마무리하던 어느 날 체코 원전 계약이라는 기쁜 소식이 날아든 것이다. 아랍에미리트에서 시작된 한국 원전의 발걸음이 마침내 유럽으로 이어졌다는 소식이었다. 그 여정의 출발점은 다름 아닌 내가 머물렀던 아부다비 사막이었다. 사막에서 동료들과 함께 보낸 시간은 단순한 추억이 아니라 다가올 여정의 서막이었다. 그때의 인내와 경험이 보이지 않는 실이 되어 오늘의 체코와 연결되었다. 사막에서 땀방울을 흘린 시간이 한국 원전이 세계 무대에서 빛을 발하는 밑거름이 되었다는 사실을 떠올리니 가슴 벅찬 울림으로 밀려왔다. 이 책이 개인의 기록을 넘어 새로운 여정을 시작하는 이들에게 하루하루를 단단하게 살아 낼 힘이 되고 또 한 걸음을 내딛게 해 주는 든든한 응원이 되기를 바란다.

끝으로, 이 책이 세상에 나오기까지 함께해 주신 모든 분께 감사드린다. 《어서 와, 혼자 여행은 처음이지?》 김남금 작가님의 진심 어린 조언, 서울대학교 행정대학원 동기들의 아낌없는 격려, 그리고 초록비책공방 윤주용 대표님의 꼼꼼한 원고 검토 덕분에 책이 빛을 볼 수 있었다. 무엇보다 늘 곁에서 지지해 준 가족과 또 하나의 가족인 회사 동료들이 있었기에 이 낯선 여정을 끝까지 즐겁게 완주할 수 있었다.

백정순

※ 이 책의 내용은 저자의 아랍에미리트 근무 시기인 2015년~2019년 시점의 정보이며 저자의 주관적인 의견으로 작성되었습니다.

차례

추천사 · 4
프롤로그 · 8

1부. 이란_페르시아만 너머의 땅
- **시라즈**   슬리퍼 신고 시라즈까지 · 20
- **페르세폴리스**   페르시아의 영웅 시대 · 33
- `이슬람 문화` 이슬람 교파, 수니파 vs 시아파 · 46

2부. 오만_신드바드의 고향, 바람과 돌의 나라
- **무스카트**   물과 협곡에서 찾은 여행자의 낙원 · 50
- **무산담**   돌고래 보러 갔다가 감옥 갈 뻔한 이야기 · 65
- `이슬람 문화` 아랍, 이슬람 그리고 중동 · 78
- `캠프 엿보기` 아잔 소리가 자장가로 들리기까지는 · 81

3부. 아랍에미리트_전통과 첨단이 공존하는 나라
- **아부다비**   빛과 모래의 도시 · 86
- **두바이**   사막, 상상력 그리고 바다의 꿈 · 118
- `이슬람 문화` 이슬람교 창시자 '예언자 무함마드' · 142

4부. 이집트_나일강의 선물, 부활에 진심인 나라

카이로	기원전 3000년에 시작된 이집트 문명 · 148
룩소르	이집트의 경주라 불리는 곳 · 164
아스완	람세스 2세의 아부심벨 신전 · 180

`이슬람 문화` 관용의 라마단 보내세요, '라마단 카림' · 188

`캠프 엿보기` 사막에서는 모두 만능 체육인으로 변신 · 190

5부. 이스라엘_세 종교의 심장이 뛰는 곳

| 예루살렘 | 성지로 가는 길, 살트에서 길을 묻다 · 194 |
| 마사다 | 바람 속에 남은 마지막 목소리 · 211 |

`이슬람 문화` 유대인과 아랍인의 조상은 같다 · 218

`캠프 엿보기` 루와이스로그 : 캠프 밖 소소한 행복들 · 220

6부. 요르단_중동의 붉은 꽃

암만	암만 찍고 사해까지 · 228
페트라	나바테아인이 세운 고대 도시의 유적 · 235
와디럼	붉은 사막에서 백두인이 되다 · 245

`이슬람 문화` 양고기와 돼지고기 · 252

7부. 레바논_폐허 속에서도 노래하는 나라

- 베이루트　　한때 중동의 파리였던 곳 · 256
- 비블로스　　지붕 없는 페니키아 박물관 · 273

`이슬람 문화` 사막 생존 키트: 오아시스의 세 가지 요소 · 280

`캠프 엿보기` 퇴근 후엔 주변 맛집, Bar로 고고씽! · 283

8부. 튀르키예_이곳은 유럽인가, 아시아인가?

- 에페수스　　튀르키예 속 작은 로마 · 289
- 파묵칼레　　하얀 언덕 위의 온천 · 300
- 이스탄불　　동서양이 만나는 길목 · 309

`이슬람 문화` 같은 단어 다른 의미, 이맘 · 339

`캠프 엿보기` 파키스탄에서 온 이발사 '리즈완' · 342

참고 문헌 · 344

사진 출처 · 345

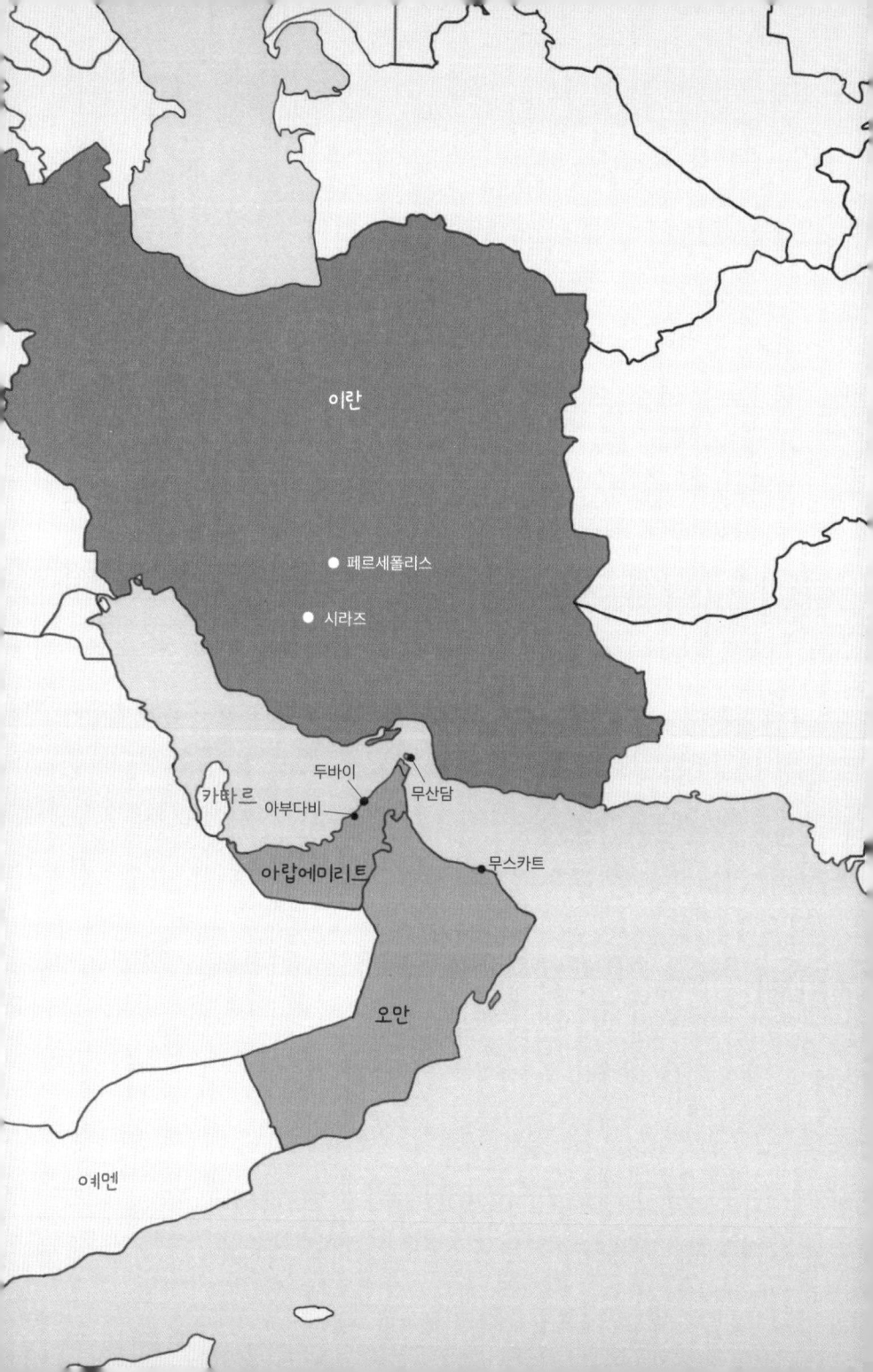

1부

페르시아만 너머의 땅

이란

Shiraz
시라즈

슬리퍼 신고 시라즈까지

아랍에미리트 *United Arab Emirates* 북쪽 너머로는 페르시아만이 펼쳐지고 그 건너편엔 이란이 있다. 이번에 향한 곳은 바로 이란의 남쪽 끝자락, 시와 장미의 도시 시라즈 *Shiraz* 다. 이란인이 가장 사랑하는 시인 하페즈 *Hafez* 의 고향이자, 봄이면 온 도시가 장미 향에 취한다는 곳. '詩 + ROSE = 시라즈'라는 수식이 이보다 더 잘 어울릴 수 있을까?

아랍에미리트에서 비행기로 한 시간 남짓. 정말 슬리퍼 신고 마실 나가듯 다녀올 수 있는 거리였다. 동행을 구해 보려 했지만 역시나 이란에 관심 있는 직원은 없었다. 정치적으로 위험한 나라라는 인식 때문인지 선뜻 가기를 꺼렸다. 결국 혼자 에어 아라비아에 올랐다. 그렇게 슬리퍼 하나 신고 떠난 시라즈는 오랫동안 내 마음속에 한 편의 시처럼 자리 잡았다.

이란은 한국인들에게 여전히 낯선 여행지다. 도시를 온전히 느끼기 위해 여행 전 조금은 들여다볼 필요가 있었다. 고대 페르시아 제국으로 더 잘 알려진 이란은 역사와 문화의 층위가 깊은 나라다. 동쪽으로 아프가니스탄과 파키스탄, 서쪽으로 이라크와 튀르키예를 접하며 지금은 국경이 갈라졌지만 그 대부분은 한때 페르시아의 영토였다. 시아파 이슬람이 주류를 이루며 유네스코 세계유산만 스무 곳이 넘을 정도로 고대 유적과 예술, 문학 전통이 풍부하다. 그러나 1979년 이슬람 혁명 이후 서방과의 관계가 악화하면서 국제 정치 무대에서는 '폐쇄적'이라는 이미지가 강해졌다. 흥미롭게도 한국과는 의외의 연결고리가 하나 있다. 혁명 직전인 1977년, 석유파동과 중동 건설 붐 분위기를 타고 서울-테헤란은 자매 결연을 맺었고, 그 흔적은 지금도 강남의 '테헤란로'와 테헤란에 '서울로'라는 이름으로 남아 있다.

우연히 한 블로그에서 눈에 들어온 숙소를 발견했다. 파르하미 전통 하우스 *Parhami Traditional House*. 핑크 모스크 바로 길 건너에 자리한, 이란 전통 양식의 가정집을 개조한 숙소였다. 네모난 2층 건물의 중앙마당엔 작은 분수대가 있었고, 그 주변을 레스토랑 테이블이 둘러싸고 있었다. 점심시간에는 식당 손님으로 북적였고 저녁이 되면 게스트하우스로 변신했다.

2층 난간에 앉아 마당을 내려다보는 재미가 쏠쏠했다. 사람들은 만날 때마다 반갑게 포옹하고 볼키스를 나눴다. 동네 사랑방을 찾은 것처럼 따뜻한 분위기가 이방인인 나를 포근히 감싸 주었다.

주인 할머니의 따뜻한 온기가 깃들어 있는 파르하미 게스트하우스

그곳에서 맞이한 첫 아침을 잊을 수 없다. 2월이라 아침 공기는 약간 쌀쌀했지만 주인집 할머니는 마당의 작은 테이블에 아침 식사를 차려 주었다. 그날 투숙객은 나 혼자였다. 할머니는 화목 난로 뚜껑 위에 로띠같이 생긴 넌_Nun_(밀가루로 납작하게 빚어 화덕에 구운 빵)을 데워 주었다. 말은 통하지 않았지만 할머니는 넌을 데워 주며 식기 전에 얼른 먹으라고 손짓했다. 방금 구운 넌을 꿀에 찍어 한입 베어 물었다. 고소함이 입 안 가득 퍼졌다. 전에 맛본 적 없는 풍미였다. 지금껏 맛본 어떤 빵보다도 강렬하게 기억에 남아 있다. 순간 돌아가신 외할머니가 내 곁에 있는 듯한 아련함이 밀려왔다. 지금도 가끔 넌이나 피타 빵을 먹을 때면 추운 날씨 속에서 따뜻한 빵을 건네 주던 이란 할머니가 떠오른다.

체크인할 때 숙소 직원이 시라즈에 대한 몇 가지 정보를 알려 주었다. 숙소 근처에 유명한 모스크가 있고, 하페즈 영묘와 카림 칸 요새도 가 보라고 했다. 또 술은 금지되어 있지만 원하면 구해 줄 수도 있다고 귀띔했다. 혼자 마시기도 애매하여 웬만하면 사양 안 하는데, 사양했다.

'시라즈' 와인이 유명하대서 드디어 원조 시라즈 와인을 마셔 볼 수 있지 않을까 기대했는데 아쉽게도 그것은 호주산이었다. 이란에서는 1979년 이슬람 혁명 이후 술 제조가 전면 금지되었다. 어기면 태형 80대라는 벌을 받는다. 취해서가 아니라 아파서 쓰러질 판이다. 그럼에도 시라즈 와인에는 흥미로운 전설(?)이 담겨 있다. 13세기 십자군 전쟁 당시, 페르시아의 포도가 프랑스 론_Rhone_ 지방으로 넘어가서 시라_Syrah_ 품종이 되었고, 그것이 다시 호주로 전해지며 시라즈_Shiraz_라는 이름으로 돌아왔다는 이야기다. 결국 시라즈 와인은 호주로 이민 가서 잘살고 있는 셈이다. 물론 낭만적인 스토리텔링이지만 하페즈의 시에 자주 등장하는 와인은 고대 시라즈가 와인의 도시였음을 보여 준다. 시라즈에 '시라즈 와인'은 없었지만 그보다 더 깊고 오래된 페르시아의 향기가 있었다. 첫날은 그 향에 취해 보냈다.

시라즈의 미라클 모닝, 핑크 모스크

어제 체크인할 때 카운터 직원이 해 준 말이 떠올랐다. "숙소 근처에 있는 모스크는 꼭 이른 아침에 가 보세요!" 아침 산책 겸 시라즈 거리 구경 겸 직원이 알려 준 모스크로 향했다. 아직 이른 시간이라 상점 대부분은 문을 열지 않았지만 유리창 너머 빵집 화덕에서는 넌을 굽느라 움직이는 손길이 분주해 보였다. 겨울 아침 찬바람에 실려 온 고소한 빵 냄새가 온몸의 세포를 깨웠다. 모스크의 입구가 너무 평범해서 구글 맵이 아니었으면 그냥 지나쳤을지도 모른다.

알고 보니 그곳은 바로 핑크 모스크로 유명한 나시르 알 물크_Nasir al Mulk_ 모스크였다. 안으로 들어가서 앞마당의 연못과 분홍빛 타일로 뒤덮인 외벽 이곳저곳을 둘러보았다. 일반적인 모스크는 이스탄불의 블루 모스크처럼 파란색과 흰색 타일을

꽃과 물, 건축이 어우러진 핑크 모스크 전경

많이 사용하는데 이곳은 특이하게 분홍색 타일로 장식되어 있었다. 부드럽고 화사한 분위기를 좋아하는 모스크 건축 후원자 알 물크의 독특한 미적 감각이 반영된 것이었다. 당시 시라즈 근처에 분홍빛을 띠는 세라믹 유약과 타일을 제작하는 공방이 있었기에 가능한 일이었다. 분홍은 봄과 꽃, 사랑과 자비를 연상시킨다. 개인의 취향과 전통적인 종교 양식이 어우러져 세상에 단 하나뿐인 개성 있는 모스크가 탄생했다.

    모스크는 예배만을 위한 공간이 아니라 종교와 사회의 중심이자 이슬람 공동체의 심장이다. 이곳에서 무슬림은 하루 다섯 번의 기도를 드리고 청소년들은 코란을 배우며 성장한다. 또한 이곳은 결혼식과 장례식이 열리는 생활의 무대이기도 하다. 알 물크 같은 지방 유력자들은 모스크를 건립하고 기부함으로써 공동체를 뒷받침했고 그 터전은 자연스레 지역 사회의 구심점이 되었다.

    해가 천천히 솟아오르자 사람들이 하나둘 신발을 벗어들고 조심스럽게 모스크 안으로 모여들었다. 그 순간 햇빛이 스테인드글라스를 통과하면서 벽과 바닥 위에 수채화 그림을 그리기 시작했다. 햇살은 양탄자의 문양 위로 붉은 실을 수놓듯 퍼져 나가고 기둥과 벽면은 온통 컬러 빛으로 물들었다.

    그 빛은 사람들의 피부와 옷, 표정까지 물들이며 모스크 안의 모든 것을 하나의 화폭으로 엮어 내고 있었다. 이 장면은 얼핏 유럽 고딕 성당의 스테인드글라스를 연상시키지만 구조와 의미는 전혀 다르다. 고딕 성당의 높은 천장에서 쏟아지는 빛이

핑크 모스크 내부 빛의 향연

'천상의 빛', 즉 하늘로부터 내려오는 신의 계시를 상징한다면 모스크의 빛은 땅과 하늘이 맞닿는 곳, 인간과 신이 함께 숨 쉬는 하루의 리듬을 담고 있다. 머리 위에서 내려와 뿌려지는 빛이 아니라 손끝에서 발끝까지 온몸을 감싸며 포용하는 빛이다.

    19세기 후반, 유럽 성당의 유리공예와 스테인드글라스 기법은 영국과 프랑스를 거쳐 페르시아에 전해졌다. 핑크 모스크는 이러한 기법을 수용하면서도 낮은 창과 색유리를 활용해 아침 햇살이 부드럽게 스며들도록 설계되었다. 전통 문양과 어우러진 이 빛은 꾸밈의 차원을 넘어 공간 전체를 온화한 분위기로 물들이며 완전히 새로운 미감을 만들어 냈다.

모스크 안은 고요하고 엄숙했다. 방문객들은 따뜻하고 온화한 빛줄기 앞에서 경이와 감탄을 감추지 못하는 눈치다. 누군가는 양팔을 벌려 쏟아지는 예쁜 색을 온몸으로 껴안았고 또 누군가는 찰나의 아름다운 광경을 놓칠세라 셔터를 눌러 사진에 담았다. 빛 속에 앉아 조용히 명상하는 이도 있다. 해가 떠오르면서 신데렐라의 마법이 풀리듯 바닥에 드리운 컬러 그림자도 조금씩 사라졌다. 현실로 돌아오며 문득 생각했다. 이 공간이 왜 이토록 많은 사람에게 깊은 감동을 주는 걸까? 화려한 기술, 정교한 문양, 정확하게 계산된 빛의 각도 때문일까? 그때 같은 공간에서 빛 속에 서 있던 사람들의 모습이 잔상처럼 마음에 비쳤다. 국적도, 종교도, 생김새도 다른 사람들이 한데 어우러져 컬러 물결 속에 잠겨 있던 그 순간, 모스크 안의 빛은 이곳의 모든 이들을 감싸며 수채화처럼 물들였다. 그날의 햇살은 단지 빛이 아니라 시라즈가 내게 건넨 차별 없는 손짓이었다.

에람 정원에서 만난 황금빛 낙원

시라즈의 본격적인 여정을 시작했다. 드라이버이자 가이드인 '모르타자'가 에람*Eram* 정원으로 나를 데려갔다. 본인은 자주 와 봐서인지 주차 핑계를 대고는 홀연히 사라졌다. 혼자 정원을 거닐었다. 에람 정원은 대표적인 페르시아 정원 가운데 하나로 지금은 유네스코 세계문화유산에 등재되어 있다. '에람'

은 페르시아어로 '낙원'이라는 뜻이다. 페르시아 정원은 '땅 위의 천국'을 구현하려 했고 물, 식물, 대칭미, 건축의 조화를 통해 인간과 자연이 함께 어우러지는 이상적인 공간을 표현했다. 일본 정원의 오밀조밀함과는 반대로 우람한 사이프러스 나무가 곳곳에 우뚝 서서 존재감을 뽐내고 연못의 분수대에서 뿜어져 나오는 물줄기는 정원을 더 '살아 있는 낙원'처럼 만들어 주고 있었다. 겨울의 끝자락, 따뜻한 햇살과 낙엽 덕분에 정원 전체가 부드러운 황금빛으로 빛났다.

정원의 맨 끝, 연못 너머로는 3층 저택이 모습을 우아하게 드러냈다. 건물 앞면의 삼각형 지붕 장식인 박공 아래에는 하페즈의 시구와 꽃·새가 정교하게 새겨진 타일 모자이크가 빛나며 눈길을 끌었다. 19세기 카자르 왕조 시대에 지어진 이 건물은 이 시대 예술과 건축의 정수를 보여 주는 상징물이자 정원의 천국 같은 풍경을 완성하는 핵심 건축물로 페르시아 전통 양식과 유럽의 건축 요소가 조화롭게 어우러져 있다. 발코니의 아치와 대리석 기둥은 유럽 양식의 흔적이며 중앙 박공의 모자이크는 시라즈의 낭만과 페르시아 정원의 상징이다.

여행하는 동안 가이드인 모르타자와는 금세 친해졌다. 젊고 쾌활한 친구였다. 여자친구가 한국을 좋아한다기에 같이 저녁이나 먹자고 했더니 흔쾌히 승낙한다. 그렇게 저녁에 셋이 다시 만났다. 그의 여친 역시 밝고 유쾌했다. 붙임성이 좋아 금세 웃으며 농담을 주고받았다.

우리는 시라즈 근교의 한 식당으로 자리를 옮겼다. 퇴근

연못과 어우러진 궁전같은 에람 정원 저택

시간이라 그런지 길은 꽤 막혔다. 식당 안으로 들어서자 원두막처럼 생긴 작은 방들이 옹기종기 붙어 있었다. 손님들은 양반다리로 앉아 손으로 음식을 먹고 있었다. 무대 한쪽에서는 이란 전통 악기 연주가 한창이라 은은한 페르시안 선율이 식당 안을 가득 메웠다. 분위기는 마치 서울 근교의 가든식당에서 가족 모임을 하는 것처럼 웃음 넘치고 따뜻했다.

식사를 마친 후 우리는 시내로 돌아오는 길에 잠시 코란 게이트를 들렀다. 가족과 연인들이 삼삼오오 모여 산책을 즐기고 있는 모습이 한여름 밤의 한강 공원을 떠올리게 했다.

'이란' 하면 가장 먼저 떠오르는 것은 단연 히잡이다. 법적으로 여성은 머리를 가리는 스카프와 긴 겉옷을 착용해야 한다. 하지만 시라즈의 저녁 풍경은 그 고정관념을 깨뜨렸다. 남녀가 자연스럽게 손을 잡고 거닐며 데이트를 즐겼고 모르타자 역시 여자친구의 어깨를 다정하게 감싸안으며 여유롭게 웃음을 지어 보였다. 옷차림 또한 시라즈의 여성들은 검은 아바야 대신 밝은 캐주얼 차림을 즐겼다. 온몸을 꽁꽁 감싸는 옷차림이 일반적인 아랍에미리트 여성들과는 사뭇 달랐다. 물론 이러한 자유로움도 언제나 지속되는 것은 아니다. 종교 행사 기간이나 정치적 긴장이 높아질 때면 종교 경찰의 단속이 강화되면서 신정 국가의 현실 속으로 되돌아가고 만다.

만약 이 장면이 1979년 이슬람 혁명 이전이었다면 그 풍경은 또 다르게 느껴졌을 것이다. 팔라비 왕조는 석유로 쌓은 부를 바탕으로 서구식 근대화와 세속화를 밀어붙였다. 그 시절

테헤란과 시라즈의 거리에는 미니스커트를 입은 여성과 나이트 클럽의 네온사인이 낯설지 않았다. 그러나 급격한 근대화의 물결은 종교계와 보수층의 거센 반발을 불러왔다. 정치적 억압, 빈부격차, 부패에 대한 분노가 겹치며 결국 '이슬람 혁명'이라는 거대한 폭발로 터져 나왔다. 혁명 이후 이란 사회는 종교적 규율을 전면에 내세우며 일상의 질서를 과거의 도덕과 신앙 중심으로 되돌렸다. 이 시대를 관통한 마르잔 사트라피의 《페르세폴리스》는 그 격랑의 시간을 한 소녀의 시선으로 담아낸 그래픽 노블이다. 파티를 꿈꾸고 나이키 운동화를 동경하던 평범한 소녀 마르잔은 혁명 이전의 개방된 분위기와 혁명 이후의 엄격한 규율 사이에서 자신의 일상이 두 갈래로 찢어지는 경험을 했다. 그 균열 속에서 작가는 오늘의 이란이 지닌 이중적 얼굴―느슨한 스카프의 자유와 단속의 그림자―을 생생하게 그려냈다.

모르타자의 여친은 한국에 관심이 많았다. 드라마 〈주몽〉은 물론 내가 들어 보지도 못한 한국 드라마 제목을 줄줄 외우고 케이팝 아이돌 이야기를 하며 쉴 새 없이 이것저것 물었다. 대답을 못하고 버벅거리는 내가 오히려 '이란 아저씨' 같고 모르타자 여자친구가 '한국 여대생' 같았다.

서방의 오랜 경제 제재로 인해 이곳 사람들의 생활은 넉넉해 보이진 않았다. 그렇지만 그들의 모습은 밝고 따뜻했다. 환하게 웃고 가족들과 정답게 어울리며 소소한 행복을 나누는 모습은 어디서 많이 본 듯한 익숙한 풍경이었다. 문득 한국의 80년대로 시간여행을 하는 것 같았다.

Persepolis

페르세폴리스

페르시아의 영웅 시대

시라즈를 여행지로 고른 가장 큰 이유는 무엇보다 아랍에미리트에서 가까웠기 때문이다. 하지만 단지 그것이 전부는 아니었다. '페르시아(지금의 이란 지역을 가리키는 옛 이름)'라는, 이제는 세계지도 어디에서도 찾을 수 없는 나라가 주는 신비로움도 한몫했다. 그 전설 같은 제국의 흔적이나마 한번 접해 보고 싶었다. 찬란한 영광을 간직한 페르세폴리스 Persepolis에도 꼭 가 보고 싶었다. 비록 이라크 땅을 밟을 수는 없었지만 메소포타미아 문명의 숨결쯤은 느껴 볼 수 있지 않을까 하는 막연한 기대도 있었다. 페르세폴리스는 시라즈에서 승용차로 한 시간 남짓 떨어진 곳에 있다. 대중교통은 언감생심이라 게스트하우스에 체크인하면서 페르세폴리스에 데려다줄 차량을 알아봐 달라고 부탁했다. 그렇게 해서 나는 모르타자와 다시 동행하게 되었다.

전문 가이드가 아니라서 역사 지식이 해박하지는 않았지만 시라즈에서 나고 자라며 좀 놀았던 덕에 이 동네는 그에게 말 그대로 '부처님 손바닥' 같았다.

기원전 550년 페르시아의 아케메네스 왕조는 28개 속국을 통치하며 인구가 2천만 명에 이르는 세계 최초의 대제국을 건설했다. 그 영토는 남쪽으로는 이집트, 북쪽으로는 유럽의 불가리아, 동쪽으로는 인도 북부와 중앙아시아까지 뻗어 있었다.

그 시작에는 '키루스 대왕'이 있었다. 그는 단순히 군사력으로 제국을 세운 정복자가 아니었다. 정복한 나라의 언어와 종교를 존중하고 자치를 보장하는 '관용의 정치'를 펼쳤다. 그가 남긴 점토 문서인 키루스 원통 *Cyrus Cylinder*은 야만의 시대에 울려 퍼진 세계 최초의 인권 선언문이었다. 오늘날의 보편 가치인 인권을 2,500년 전 제국의 왕이 통치 이념으로 삼았다는 점이 경이롭다. 그의 관용적 결단 덕분에 포로 생활을 하던 유대인들이 해방되어 예루살렘 성을 다시 세울 수 있었다. 그래서 유대 전통에서는 지금도 그를 '메시아'라 부른다. 또한 그리스의 사상가 크세노폰은 키루스를 주제로 한 《키로파에디아 *Cyropaedia*》(키루스의 교육)를 남겼는데 '좋은 통치자란 무엇인가'를 묻는 인류의 고전으로 지금도 읽히고 있다.

그럼에도 페르시아는 서구 중심의 역사 서술에서 비껴 나 있다는 이유로 정당한 평가를 받지 못하고 있다. 이슬람 신정국가인 이란 역시 이슬람 이전의 역사를 적극적으로 조명하려는 의지는 크지 않아 보인다.

할리우드 영화 〈300〉은 페르시아의 아케메네스 왕조 시대를 배경으로 한다. 영화는 300명의 용감한 그리스 정예 병사가 100만 명에 이르는 오합지졸 페르시아 병사들과 싸우는 이야기로 그려진다. 극 중에서 코걸이를 한 채 우스꽝스럽게 등장하는 페르시아 왕은 실제로 다리우스 1세의 아들인 '크세르크세스'다. 영화에서는 페르시아 병사들을 미개인으로 묘사하며 페르시아 문명 전체를 야만적으로 그려내고 있다. 동양을 열등하게 묘사하는 '오리엔탈리즘'적인 시선을 고스란히 드러낸다. 그러나 사실 역사 속 페르시아 전쟁은 지중해를 둘러싼 지역 패권을 차지하기 위한 전쟁이었다. 영화는 이러한 맥락을 생략한 채 페르시아 전제군주에 맞서 자유와 민주주의를 수호하는 그리스의 전쟁 영웅담으로 각색했다. 역사는 종종 승자의 기록으로 남는다지만 이런 일방적인 시선에는 아쉬움이 남는다.

페르시아 제국은 영화 〈300〉의 배경이 된 2차 페르시아 전쟁 이후에도 150년 넘게 번영을 누렸고 알렉산더 대왕에게 정복되기 전까지 유라시아를 아우르는 강대국으로 건재했다.

페르시아 제국의 위엄이 가장 뚜렷하게 드러나는 곳이 바로 이곳 페르세폴리스다. 페르세폴리스는 지금으로부터 약 2,500년 전(기원전 518년경) 다리우스 1세 때 건설된 고대 왕궁이다. 아크로폴리스처럼 언덕 위에 세워진 도시는 아니었지만 3층 정도 높이의 기단 위에 우뚝 선 궁전은 처음 마주한 이의 시선을 압도하기에 충분했다. 10여 미터 높이의 지그재그 계단을 올랐다. 안으로 들어서면 반인반수 라마수가 지키는 만국

아케메네스 제국의 영광이 서려 있는 페르세폴리스 전경

페르세폴리스 입구를 지키는 날개 달린 수호신 라마수

의 문*Gate of All nations*이 눈에 들어온다. 이집트에 '스핑크스'가 있다면 페르시아엔 '라마수'가 있다. 라마수의 얼굴은 세월의 풍파로 형체를 알아볼 수 없게 뭉개져 있었지만 그 존재감만큼은 여전히 묵직하게 자리를 지키고 있었다. 사람 머리를 하고 황소 몸통에 독수리의 날개를 지닌 라마수는 지혜와 수호를 상징하는 상상 속 동물이다.

입구를 지나 한 걸음 더 들어서자 제국의 왕궁이 한눈에 펼쳐졌다. 대부분의 건물들은 사라지고 없지만 곳곳에 거대한 기둥의 흔적들만큼은 고스란히 남아 있다. 기원전 330년 알렉산더 대왕이 이곳을 정복하면서 왕궁 대부분은 파괴되었다. 지금 남아 있는 기둥들만 사라진 제국의 영광을 고요히 증명하고 있다.

주 출입구 오른쪽으로는 아파다나 궁전*Apadana Palace*이라 불리는 대접견실이 있다. 왕이 제국 각지에서 온 사신을 맞이하던 곳이다. 지금은 열세 개 기둥만 앙상히 남아 있지만 한때는 72개의 기둥 위를 거대한 지붕이 덮고 있었다. 그 높이만 해도 20미터에 달했다. 상상만 해도 어마어마한 규모다. 사신들이 외교 협상을 하기도 전에 건물의 위용에 압도당하고 남았을 법하다.

궁의 기단과 벽면에는 사신들의 조공 행렬이 흑백사진처럼 선명하게 조각되어 있다. 기린을 끌고 상아를 메고 온 곱슬머리 에티오피아 사신, 낙타를 끌고 온 아프가니스탄의 사신, 향신료를 안고 온 인도 사신의 모습도 보인다. 머리모양부터 옷차림까지 각기 다른 민족의 모습이 조각마다 생생하게 살아 있다.

접견실 맞은편으로 가면 백주 홀*Hall of 100 Columns*이라는 연회장이 등장한다. 원래는 백 개의 기둥이 우뚝 서 있었겠지만 지금은 점점이 박힌 기둥의 흔적들만 흰색 바둑알처럼 남아 있다. 흥미롭게도 배치 방식이나 기둥의 배열이 이집트의 카르나크 신전과 묘하게 닮아 있다.

사실 페르세폴리스는 정복지인 이집트의 신전 건축에서 영감을 받아 지어졌다. 타 문화의 양식을 수용하고 이를 고유한 방식으로 재창조한 것이다. 이는 다양한 문화를 포용하고 그것을 자신만의 양식으로 재창조할 수 있었던 페르시아의 진면목을 잘 보여 준다.

페르시아 제국은 그 위상에 걸맞게 제국 내 세 지역에 왕궁을 두었다. 여름엔 고원 지대의 서늘한 하메단*Hamedan*, 겨울엔 온화하고 쾌적한 수사*Susa*에서 머물렀으며, 외국 사신을 맞이하고 새해와 봄을 기념하는 의식은 바로 이곳 페르세폴리스에서 열렸다. 왕궁 곳곳에 페르세폴리스의 정체성을 드러내는 부조가 남아 있다. 사자가 황소의 엉덩이를 물어뜯고 있는 모습도 그중 하나다. 황소는 봄과 물, 사자는 여름과 불을 상징한다. 이는 단순 포식의 장면이 아니라 겨울이 지나고 새로운 해가 시작되며 봄이 찾아온다는 자연의 순환을 형상화한 것이다.

페르시아인들은 낮과 밤의 길이가 같아지는 춘분을 새해로 삼아 성대하게 기념했다. 그 시절 제국 각지의 사신들이 이곳을 찾아 신년 하례를 올리며 함께 봄과 새해를 축복했다. 그 전통은 오늘날까지도 이어져 이란 최대의 민속 명절인 노루즈*Nowruz*로

페르세폴리스로 몰려드는 사절단 행렬 부조

자연의 순환을 의미하는 사자와 황소의 대결

남아 있다.

　무너진 기둥은 제국의 몰락을 속삭이고 남겨진 부조는 계절의 귀환을 노래한다. 권력은 돌처럼 부서졌으나 사자와 황소는 2,500년의 햇살 속에서 여전히 뛰놀고 있다. 페르세폴리스가 남긴 가장 큰 유산은 화려한 건축물이 아니라 영원히 되풀이되는 자연의 순환과 이를 함께 기념하던 인간의 기억이다.

　페르세폴리스의 장엄함을 뒤로한 채 모르타자는 도시 뒤편의 네크로폴리스로 차를 몰았다. 왕궁을 벗어나자 페르시아 제국 황제들의 무덤이 우리를 기다리고 있었다. 이곳엔 다리우스를 비롯한 아케메네스 왕들이 잠들어 있다.

　절벽 무덤의 석관에는 천에 감싸인 왕들의 유해가 안치되어 있었을 것으로 추정된다. 당시 조로아스터교는 독특한 장례 방식인 '조장(鳥葬)'을 따랐다. 이는 죽은 자를 새들에게 맡기는 방식으로 자연을 더럽히지 않는 가장 순수한 의식으로 여겼다. 조로아스터교에서 물, 불, 흙, 공기는 성스러운 원소였다. 죽은 시신이 이를 오염시키는 것은 큰 죄로 간주되었다. 그렇게 독수리는 육신을 하늘로 돌려보내는 매개자이자 영혼을 인도하는 신성한 존재가 되었다. 이 장례 방식은 자연을 보존하고 영혼을 하늘로 인도하며 우주의 질서를 지키려는 종교적 실천이었다.

　이집트의 아부심벨처럼 절벽을 깎아 만든 무덤이 거대한 암벽 위에 십자형으로 새겨져 있었다. 바로 나크시에 루스탐 Naqsh-e Rostam이라 불리는 절벽 묘지다. 그 위에는 섬세한 부조가 남아 있는데 무덤의 주인이 조로아스터의 최고신 '아후라 마즈

나크시에 루스탐 절벽 무덤

아후라 마즈다에게 고리를 받는 왕의 부조

다'로부터 왕권의 상징인 고리형 '다이아뎀' 링을 받는 장면이다.
 페르시아 제국은 조로아스터교를 국교로 삼아 이슬람이 들어오기 전까지 번영을 누렸다. 창시자 조로아스터는 다신적 신앙을 정리하고 아후라 마즈다를 중심으로 한 신앙을 세운 위대한 종교 개혁가였다. 그는 신화의 시대에서 역사의 시대로 나아가는 길을 열었다. 세계를 선과 악의 대립으로 보고 인간이 자유의지로 그 사이에서 선택해야 한다는 점을 강조했다. 특히 이원론(二元論)과 종말론적 부활·심판 사상은 훗날 유대교와 기독교, 나아가 이슬람교에도 영향을 주며 세계 종교사의 중요한 뿌리가 되었다. 현재 이란은 조로아스터교의 영향이 짙게 남아 있는 시아파 이슬람 국가가 되었다.
 페르시아 제국은 200년 동안 아프리카·유럽·아시아에 걸

페르시아 문명의 상징물이자 조로아스터교의 상징인 파라바하르 문양

친 거대한 영토를 통치했다. 어떻게 그것이 가능했을까. 역사학자 헤로도토스는 그의 저서 《역사》에서 이렇게 말한다. "페르시아만큼 외국의 관습과 문화를 기꺼이 받아들인 나라는 없다. 메디아의 옷이 자신들의 것보다 더 아름답다고 여겨 이를 입으며 전장에서는 이집트인들의 흉갑을 사용한다."

타 문화를 받아들이는 유연함, 다양한 민족을 포용하는 관용, 서로 다른 사람들이 공존할 수 있도록 만든 문화적 기틀, 바로 그것이 페르시아를 200년 제국으로 건재하게 한 힘이었다.

시라즈의 장미는 끝내 보지 못했지만 그보다 더 깊고 오래된 향기를 만났다. 따뜻한 빵을 건네던 할머니의 손끝에서, 스테인드글라스를 통과한 빛의 떨림에서, 그리고 무너진 기둥 사이의 침묵에서.

이슬람 문화

이슬람 교파, 수니파 vs 시아파

전 세계 이슬람교도는 약 20억 명에 이른다. 이 중 85퍼센트인 17억 명이 수니 Sunni 파에 속하고 15퍼센트인 3억 명이 시아 Shia 파이다. 비율상으로는 적어 보이지만 미국 전체 인구가 3억 명이라는 점을 고려하면 결코 적은 수는 아니다.

- 수니파 : 사우디아라비아, 이집트, 튀르키예 등 대부분의 이슬람 국가
- 시아파 : 이란, 이라크, 바레인 등 일부 국가

두 교파의 분열은 교리 해석의 차원을 넘어 종교와 권력을 동시에 상징하는 '칼리프 직의 후계자를 누구로 할 것인가'라는 정체성의 문제에서 비롯되었다. 632년 무함마드는 외동딸 파티마만을 남긴 채 세상을 떠났고 생전에 명확한 후계자를 지명하지 않았다. 대체 불가능한 지도자를 잃은 이슬람 공동체는 큰 혼란과 갈등에 빠졌다. 당시의 칼리프는 하늘의 권위와 세속적인 권력을 동시에 지닌 초월적 지도자였다.

후계자 승계에 대한 의견은 두 가지로 갈렸다. 한쪽은 무함마드의 혈족이 후계를 이어야 한다는 주장이었다. 그들은 예언자 무함마드의 영적 권위와 초인간적인 능력이 후손에게 이어졌다고 믿었다. 그래서 예언자의 사촌 혈통이자 사위인 알리를 추천했다. 또 다른 한쪽은 신실한 무슬림 중 유능한 인물이라면 혈통과 상관없이 후계자로 선출할 수 있다는 주장이었다. 이는 전통과 혁신,

신성한 혈통과 능력 중심 선택이라는 가치의 충돌이었다.

공동체는 무함마드의 오랜 동료였던 아부바크르(570?~634, 이슬람교 초대 칼리프. 무함마드를 보좌하고 이슬람교의 확산에 큰 공헌을 했다.)를 칼리프로 추대했다. 이후 오마르, 오스만이 각각 2대, 3대 칼리프로 선출되었고 알리는 무함마드 사후 24년이 지난 656년에야 4대 칼리프로 등극했다. 혈통이 아닌 공동체의 합의와 능력을 기준으로 한 지도자 선출은 고대 사회에서는 찾아보기 힘든 사례였다. 이는 이슬람의 빠른 성장에 중요한 동력이 되었음을 부인할 수 없다. 훗날 이슬람에서는 이 네 명이 다스린 시기를 이슬람 역사에서 가장 이상적인 시기로 기억하며 '정통 칼리프 시대'라 부르고 있다.

그러나 알리는 불과 5년 만에 반대파에 의해 암살당하고 만다. 알리의 죽음은 개인의 비극이 아니라 집단적 상처와 정체성의 분열을 남긴 사건으로 기억되었다. 그의 추종자들은 이라크로 떠났고 이들은 훗날 시아트 알리 *Shi'at Ali*(알리의 추종자들)로 불리며 시아파의 뿌리가 되었다.

시아파를 종파로 굳건히 만든 사건은 680년의 카르발라 전투였다. 당시 알리의 두 아들 중 큰아들 하산은 칼리프 직을 빼앗긴 뒤 독살되었다는 소문이 돌았다. 이후 차남 후세인은 정통성 회복을 위해 메카에서 지지자들이 있는 이라크 쿠파 *Kufa*로 향했다. 그 여정에서 쿠파 인근 카르발라에서 칼리프를 자처한 야지드의 군대와 맞서 싸우게 된다. 후세인은 '굴욕적인 삶보다 명예로운 죽음'을 외치며 장렬히 전사했고 그의 피는 혈통의 정통성과 저항의 상징이 되었다. 그의 순교는 시아파에게 종교적 정체성과 순교 신학을 세운 결정적 전환점이 되었고 이라크의 카르발라는 시아파의 최고 성지가 되었다. 이후 시아파는 매년 아슈라 *Ashura* 의식을 통해 후세인의 희생을 기린다. 전통적으로는 자해하

이라크 카르발라에서 열린 아슈라 추모 행진. '후세인'이라고 적힌 검은 깃발 아래 수많은 시아파 무슬림이 이맘 후세인의 순교를 기리고 있다.

며 고통을 공유하는 방식이었으나 오늘날에는 헌혈·연극 공연 등 평화적인 방식으로 '기억의 전승'을 이어가고 있다.

  반면 수니파는 메카에 남아 자질과 신앙심에 따른 후계자 선출을 주장하며 스스로 '정통파'를 자처했다. 수니파와 시아파의 갈등은 정치적 리더십의 차이에서 출발해 점차 교리와 신학의 분열로 확장되었다.

  이러한 수니파-시아파의 대립은 현대 중동의 국제 정치에도 깊게 드리워져 있다. 시아파의 맹주 이란과 수니파의 종주국 사우디아라비아는 예멘 내전, 시리아 전쟁, 레바논과 이라크의 정세에 이르기까지 크고 작은 전쟁에서 부딪혔다. 종파적 갈등은 과거에 머무른 유물이나 종교적 논쟁이 아니라 '누가 이슬람을 대표하는가?'라는 정체성의 질문과 함께 중동 지역의 패권을 둘러싼 파워 게임으로 오늘날까지 이어지고 있다.

MIDDLE EAST

2부

신드바드의 고향,
바람과 돌의 나라

오만

Muscat

무스카트

물과 협곡에서 찾은
여행자의 낙원
(feat. 오만 첫 번째 여행)

신드바드의 고향 '오만'

▽

 12월 24일은 '무함마드 탄신일'로 공휴일이었고 25일과 26일은 주말이라 3일짜리 황금연휴가 만들어졌다.

 아랍에미리트에서 마음만 먹으면 언제든지 떠날 수 있는 나라 오만. 국경을 맞대고 있어 육로로 접근성이 좋지만 다녀온 직원들의 말은 비슷했다. "경치는 고사하고 운전한 기억밖에 안 나요." 그래서 우리는 고민 끝에 항공편을 택했고 공항에서 렌터카를 빌렸다. 경험은 언제나 최고의 스승이었다.

 오만은 아랍에미리트 바로 옆에 자리하고 있지만 풍경은 전혀 딴판이다. 두바이가 사막 위에 세운 인공의 신기루라면 오만은 사막 속에서 솟아난 진짜 오아시스 같다. 메마른 사막 한

가운데에서도 계곡이 흐르고 푸른 나무들이 자란다. 이는 오만이 산악과 사막, 그리고 해안이라는 다양한 지형을 갖추고 있기에 가능했다.

'오만' 하면 가장 먼저 떠오르는 상징은 단연 신드바드 *Sindbad*이다. 《아라비안나이트》 속 모험가의 고향이 바로 이곳이다. 동아프리카와 인도를 잇는 바닷길 요지에 자리한 오만은 중동 국가임에도 해양 문화권으로 해양 중계 무역으로 번성했다. 그래서 이 땅은 자연스럽게 신드바드의 전설이 태어난 무대가 되었다.

신드바드는 도우 *Dhow*라 불리는 전통 목선을 타고 인도양을 누비던 오만 선원의 화신이었다. 전설이 아니라 바다와 더불어 살아온 오마니 *Omani* (오만 사람)의 삶 자체가 곧 신드바드의 이야기였던 셈이다.

이 모험담은 허구를 넘어 실제 역사 속에서 뿌리를 찾을 수 있다. 신드바드의 배경이 된 곳은 이슬람 아바스 왕조가 번영하던 8~9세기 바그다드와 인도양 해역이었다. 이름 속에도 당시 항해 문화의 흔적이 남아 있다. 신드 *Sind*는 지금의 파키스탄 신드 지방을, 바드 *Bad*는 바람을 뜻한다. 즉 신드바드란 '신드 지방에서 불어온 바람의 사람'이라는 의미다. 《아라비안나이트》 속 일곱 번의 항해는 피상적인 모험담이 아니라 상상 속 영웅의 여정이자 실제 인도양을 누빈 항해자들의 경험과 해양사의 기억을 응축한 이야기였다.

오만의 최고 전성기는 18세기 말부터 19세기 중반이다. 포르투갈 세력을 축출하고 페르시아군을 몰아낸 오만은 걸프만과 이란 남부, 아프리카 동부 해안까지 세력을 넓히며 '인도양의 해상 왕국'으로 떠올랐다. 19세기 중반 오만은 탄자니아 잔지바르섬을 아프리카 수도로 삼고 무역 항로를 장악했다. 지금은 휴양지로 알려진 이 섬은 당시에는 동아프리카 노예 무역의 중심지였다. 오만은 해상권 지배로 번영을 이루었지만 그 이면에는 억압과 착취의 그림자도 길게 드리워져 있다.

와디샤브

아부다비에서 항공편으로 오만의 수도 무스카트에 도착했다. 예약해 둔 렌터카를 타고 한 시간 반 거리인 와디샤브 Wadi Shab로 향했다. 와디Wadi는 비가 드문 사막 지형에서 생긴 건천을 뜻한다. 그러나 와디샤브는 특별하다. 1년 내내 물이 흐르고 푸른 초목과 협곡이 어우러져 오만인들도 많이 찾는 자연 휴양지다.

이곳은 수천 만 년 동안 이어진 침식 작용이 석회암을 깎아 내어 지금의 장대한 계곡을 만들었다. 사막 한가운데에 우뚝 솟은 산과 그 협곡을 따라 흐르는 물줄기. 비 한 방울 내리지 않았는데도 계곡엔 물이 가득했다. 계곡 암반층에서 샘처럼 솟아나는 지하수가 만들어 낸 기적이었다. 아이들은 절벽에서 다이빙하며 웃음을 터트리고 맑은 물 위로는 햇살이 반짝였다. 사막 한복판에서 만나는 이 비현실적인 풍경은 무릉도원이라고 해도

사막 바위산 틈새로 흐르는 에메랄드빛 오아시스 와디샤브

(위) 사막 협곡 속 천연수영장 와디샤브, (아래) 와디샤브의 하이라이트 동굴 폭포

과장이 아니었다.

　협곡 하류에 도착하여 본격적인 탐험을 시작했다. 사람들은 계곡의 풍광을 구경하며 상류를 향해 천천히 걸음을 옮겼다. 계곡 옆 바윗길을 따라 한참을 오르다 보면 에메랄드빛 물웅덩이들이 하나둘 모습을 드러낸다. 여기서부터는 구명조끼를 입고 물길을 따라 올라가야 한다. 수심이 깊은 구간이 많아 위험할 수 있기 때문이다. 가는 길에 너른 풀이 나오면 잠시 수영하며 숨을 고른다. 절벽 틈 사이에 숨겨진 동굴이 나올 때까지 오른다.

　와디샤브의 하이라이트는 단연 이곳 동굴 폭포다. 좁은 바위 틈을 지나 들어서는 순간 숨겨진 또 하나의 세상이 눈앞에 드러난다. 천장 틈 사이로 햇빛이 쏟아지며 동굴 안을 밝히고 그 아래로는 작은 폭포수가 떨어지는 풀장이 모습을 드러낸다. 사람들은 예상치 못한 이 풍경에 감탄을 터뜨리며 다이빙을 하거나 협곡 속 천연 풀장의 여유를 한껏 만끽한다.

비마 싱크홀

▽

　우리는 와디샤브에서 차로 30분 남짓 떨어져 있는 싱크홀 Bimmah Sink Hole로 향했다. 바닷가 가까이 움푹 파인 이 거대한 웅덩이에는 에메랄드빛을 품은 천연 호수가 자리하고 있었다. 바다와 지하로 연결되어 있어 밀물과 썰물에 따라 수위가 오르내린다.

이곳에는 오래된 전설이 하나 내려오고 있다. 외계에서 날아온 운석이 이곳에 떨어졌다는 것이다. 물론 지질학자들은 석회암 지층이 붕괴된 자연 현상이라 설명하지만 눈앞의 물빛을 마주하고 나면 별이 떨어져 생겼다는 전설을 더 믿고 싶어진다.

마치 영화 〈아바타〉 속 외계의 영롱한 호수처럼 물은 수정처럼 반짝이고 바닥이 훤히 들여다보일 만큼 맑으며 수면은 호수처럼 잔잔했다. 아이들은 절벽 가장자리에서 푸른 호수로 뛰어들고 여행자들은 수영과 스노클링을 즐겼다. 입장권을 받는 사람도 컵라면을 파는 노점상도 없었다. 호숫가에 발을 담그고 앉아 있으면 닥터피시들이 슬며시 다가와 무료 족욕 서비스를 시작하곤 했다.

구명조끼를 입고 물 위에 몸을 띄운 채 발끝으로 물결을 살랑이며 배영으로 싱크홀을 천천히 한 바퀴 돌아보았다. 머리 위로 곡선을 그리는 절벽과 그 사이로 조각처럼 흩어진 하늘이 보였다. 아래로는 수정처럼 맑은 바다 호수, 귀에는 아무런 소리도 들리지 않는 고요함. 나는 잠시 외계의 신비한 호수를 유영하고 있었다.

니즈와 새벽 가축 시장

⟁

싱크홀을 뒤로하고 우리는 오늘 밤을 보낼 니즈와*Nizwo*로 향했다. 무스카트를 지나 내륙으로 네 시간을 달려야 했다. 오

에메랄드 빛 호수 싱크홀

만만을 따라 펼쳐지는 아름다운 해안선을 따라가다 보면 풍경이 조금씩 얼굴을 바꾸어 간다. 무스카트를 벗어나자 곧 웅장한 알하자르 산맥이 눈에 들어왔다. 눈앞의 경치가 바다의 잔잔함에서 산의 거친 질감으로 서서히 바뀌며 고요한 속삭임이 거친 숨결로 변해갔다.

니즈와는 오만 내륙의 고도(古都)로 한국의 경주에 비견될 만한 역사 도시다. 6~7세기에는 오만의 정치적 중심지였고 동시에 종교적인 구심점 역할을 해 왔다.

오만은 인구의 약 95퍼센트가 무슬림이며 이 중 절반가량이 수니파, 나머지 절반은 다소 생소한 이바디파 *Al-Ibadiyyah*를 따른다. 이바디파는 이슬람 초기 급진 종파인 카와리즈파 *Khawarij*에서 갈라져 나온 온건한 계열로 알려져 있다. 750년 우마이야 왕조가 몰락한 후 이바디파는 오만에 정착해 니즈와를 수도로 삼고 독자적인 국가를 세웠다. 당시 니즈와에는 종교 지도자인 '이맘'이 거주했으며 이들에 의해 이슬람 신학과 율법이 발달했다. 현재 수도인 해안 도시 무스카트가 무역과 외교의 중심지였다면 니즈와는 오만의 영적 수도로 이슬람 학문의 터전으로 볼 수 있다.

12월 25일 금요일 새벽. 날씨로 치면 한여름의 크리스마스다. 이른 아침 숙소를 나섰다. 목적지는 이곳의 명소 니즈와 가축 시장. 주말이면 장터 한쪽에서 열리는 이 시장은 오만을 여행하는 이들이 빠뜨리지 않고 찾는 전통 문화 체험지이다. 해가 뜨기도 전 도착했지만 이미 인파로 북적였고 주차할 자리조

양과 사람들이 뒤섞여 활기를 더하는 니즈와 양 시장

차 찾기 어려웠다.

사람들을 따라 가장 시끌벅적한 곳으로 가니 양들로 빼곡히 들어찬 장터가 펼쳐졌다. 마치 온 동네 양들이 총출동이라도 한 듯 장터는 양과 염소로 가득했다. 이곳의 거래 방식은 전문 매매상이 아닌 마을 사람들이 직접 키운 양을 끌고 나와 벌이는 생생한 직거래다.

이 장터에서 가장 흥미로운 장면은 바로 흥정하는 풍경이다. 단순히 값을 부르는 방식이 아니다. 양을 끌고 나온 이들은 장터 가운데를 돌며 원형으로 앉은 예비 양 주인들에게 패션쇼 런웨이를 하듯 자기 양의 장점을 최대한 어필한다. 그러면 관심 있는 사람들은 손짓으로 가격을 묻고 고개를 끄덕이며 흥정을 시작한다. 고성이 오가고 실랑이 끝에 웃음이 터지기도 한다. 어떤 이들은 진지한 눈빛으로, 또 어떤 이들은 장난기 섞인 실랑이를 한다.

양을 사는 사람, 파는 사람, 그걸 구경하는 동네 어르신과 아이들, 지나가는 관광객, 나처럼 사진 찍는 여행자, 그 와중에 슬그머니 똥을 싸는 양까지. 모두가 어우러져 시장의 활기찬 아침 풍경을 만들어 내고 있었다. 다들 한 마리씩 사는 걸 보니 나도 왠지 한 마리쯤 데려가야 할 것 같은 기분이 들었다. 낯선 시장이었지만 묘하게 익숙한 정겨움 속에서 나도 어느새 풍경의 일부가 되어 있었다. 양을 거래하는 주름진 촌로의 얼굴에서 그가 살아온 삶이 스쳤다.

제벨 아크다르

❖

새벽 시장 탐험을 마치고 호텔 조식 뷔페에서 전통 빵과 핫푸드, 커피 한 잔으로 여유로운 아침을 맞았다. 새벽부터 양들과 씨름을 하고 온 덕분에 하루 일정이 한결 여유로웠다. 오늘의 여정은 니즈와에서 두 시간 떨어진 알하자르 산맥의 최고봉 제벨 아크다르 *Jebel Akhdar* 고산 지대다.

아랍에미리트에서는 몇 시간을 달려도 끝없는 사막뿐이다. 간간이 솟은 모래 언덕 *Dune* 외에는 이렇다 할 풍경이 없다. 그런데 국경은 지도상의 선에 불과하지만 오만의 풍광은 전혀

황량한 산맥을 가르며 이어지는 길, 제벨 아크다르

제벨 아크다르 협곡 전경. 층층이 겹친 산맥 사이로 장대한 자연의 스케일을 보여 준다.

험준한 바위산에 자리 잡은 고산 마을

다른 결을 보여 준다. 우람한 산들이 줄지어 있고 지형은 마치 주름진 지도처럼 요철이 뚜렷하다.

오만은 신드바드의 나라이기도 하지만 산과 돌의 땅이기도 하다. 어디를 가든 산이 솟아 있고 이 산의 돌들은 대리석이 되어 한국으로 수출되기도 한다. 낯선 호텔 로비에서 오만의 익숙한 숨결이 느껴진다면 아마도 이곳 산의 대리석이 그 공간을 채우고 있을 것이다.

제벨 아크다르는 아랍어로 '녹색 산'이란 뜻이지만 이름부터 험준한 악산(嶽山)을 떠올리게 한다. 최고봉인 제벨샴스는 해발 3천 미터가 넘으니 그 높이는 히말라야의 웬만한 트레킹 코스와 견줄 만하다.

믿기 어렵겠지만 수억 년 전에 이곳은 바다였다. 유라시아판과 아라비아판이 충돌하여 바다였던 이 땅이 솟구쳤고 오랜 시간 비바람에 깎이며 지금의 협곡이 만들어졌다. 돌 하나하나에도 바다의 기억이 스며 있고 굽이진 계곡마다 대지의 서사가 새겨져 있다. 우리는 잠시 스쳐 가는 여행자지만 웅장한 협곡 굽이굽이는 태초의 시간이 고요히 흐르고 있었다. 자연의 품으로 깊숙이 들어갈수록 인간의 존재는 더욱 작아 보였다.

제벨 아크다르의 산길은 경사가 심하고 노면이 거칠어 일반 승용차로 가는 게 쉽지 않다. 결국 어제 만난 한인 가이드의 소개로 현지 로컬을 만나 동행했다. 사륜구동 지프마저 힘겹게 굽이굽이 산길을 오르더니 마침내 전망대에서 멈춰 섰다.

아래로 끝없이 펼쳐지는 협곡은 그랜드캐니언에 견줘도

손색이 없다. 바위로 가득한 계곡은 거칠면서도 당당한 위용을 품고 있었다. 발끝에 걸린 조약돌 하나가 끝이 보이지도 않는 깊은 아래로 또르르 굴러떨어졌다. 한국의 산처럼 울창하진 않지만 듬성듬성 자리 잡은 나무 몇 그루가 황량한 산의 풍경에 생기를 더하고 있었다. 계곡 곳곳에 흩어져 있는 흙집들은 누군가의 지난 삶을 고스란히 품고 있었고 저 멀리 계곡 너머엔 여전히 사람이 살아가는 마을이 눈에 들어왔다.

녹색 산이라는 이름답게 이곳에는 물이 있어 오래전부터 농사가 가능했다. 지금도 계곡을 따라 고대의 수로인 팔라즈 *Falaj*가 살아 숨 쉬고 있다. 고대부터 이어져 온 팔라즈는 인류가 수천 년간 이어온 생명의 통로이며 현재는 유네스코 세계유산으로 지정되어 있다. 돌로 만들어진 수로는 절벽을 타고 흘러내리며 골짜기마다 작은 밭과 정원에 생명을 불어넣는다. 척박한 환경 속에서도 삶을 일구는 사람들은 이 깊은 산속 계곡마다 조용히 뿌리를 내리고 있었다.

아랍에미리트와는 지척이지만 풍경은 마치 다른 세계처럼 느껴지는 오만. 황량해 보이던 바위산 사이로 계곡이 흐르고 사막의 한가운데서 만난 푸르름이 더없이 싱그럽게 빛나 보이는 이곳은 척박한 듯하지만 살아 숨 쉬는 땅이다. 그래서일까. 우리가 만난 오마니들의 표정엔 이 산의 고요와 그사이를 누비는 바람의 여유가 스며 있었다. 제벨 아크다르의 장엄함은 자연이 인간에게 건네는 겸허와 성찰의 가르침이었다.

Musandam

무산담

돌고래 보러 갔다가 감옥 갈 뻔한 이야기
(feat. 오만 두 번째 여행)

무산담, 오만의 월경지

멀리 떠나긴 부담스럽고 그렇다고 숙소에만 있기엔 아쉬운 주말이 있다. 아랍에미리트의 알아인이나 리와 사막을 다녀오는 것도 좋지만 이런 날을 위해 아껴 두었던 여행지가 있다. 바로 '아라비아의 노르웨이'라 불리는 하사브*Khasab*이다.

하사브는 오만의 북쪽, 무산담 반도의 끝자락에 자리한 항구 도시이자 독특한 피오르드 해안의 관문이다. 깎아지른 절벽과 깊게 파인 바닷길은 마치 노르웨이의 피오르드를 옮겨 놓은 듯한 풍광을 자랑한다.

무산담은 오만 본토와는 떨어져 있고 바다와 아랍에미리트의 영토로 둘러싸인 반도다. 오만계 부족이 살고 있어 국가

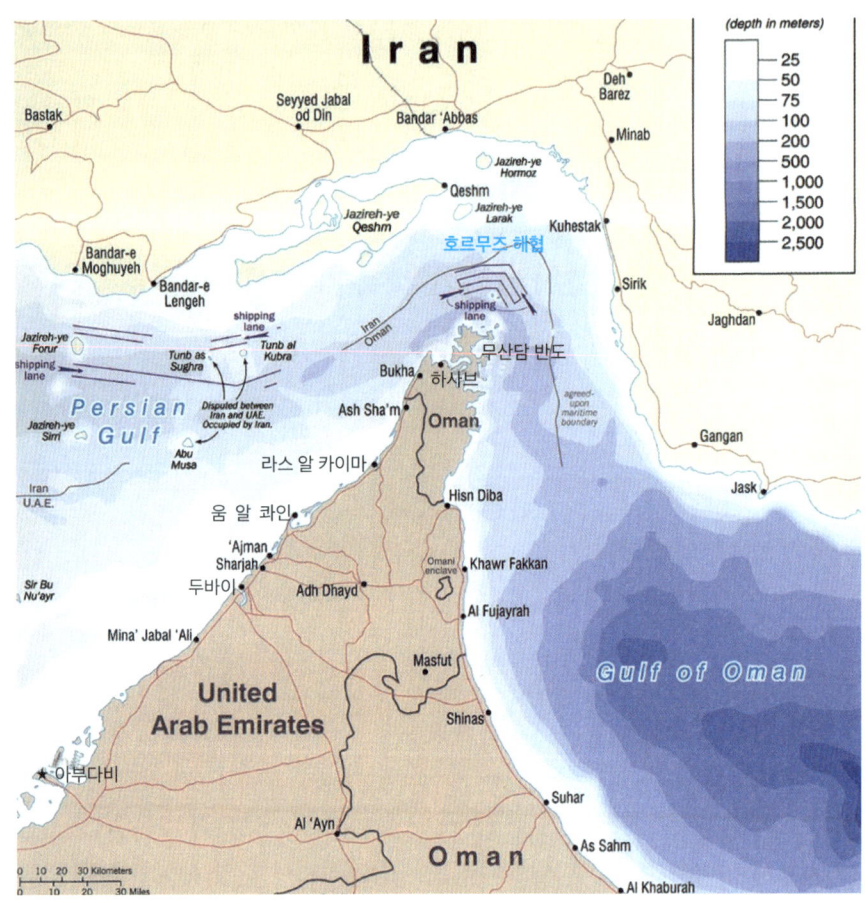

호르무즈 해협과 무산담 반도. 페르시아만과 오만만을 잇는 전략적 요충지이다.

형성기 당시에 오만에 속하기를 원했다. 이처럼 본토에서 분리되어 타국의 영토로 감싸인 땅을 '월경지(越境地)'라고 부른다. 무산담은 오만 본토에서 떨어져 있지만 정체성은 분명히 오만이다.

    무산담은 뉴스에서 자주 언급되는 페르시아만과 오만만을 잇는 전략적 요충지 호르무즈 해협 Strait of Hormuz 남쪽 끝에 위치한다. '호르무즈'. 그 이름만으로도 고대 페르시아의 향취가 묻어나는 이곳의 지명은 10세기 호르무즈 섬을 중심으로 번성했던 작은 왕국 호르무즈 왕국에서 비롯되었다. 당시 호르무즈는 동방의 향신료와 서방의 은화를 교역하던 국제 무역항이었다. 지금도 중동의 석유 수출에 전략적, 경제적으로 매우 중요한 바닷길이며 수많은 크루즈 선박이 이곳을 지난다.

숙소에서 쉬고 있던 우리 넷은 무산담을 향했다. 기다려라. 호르무즈! 모래바람을 가르며 지금, 우리가 간다!

움 알 콰인, 우리만의 오아시스

⬨

아랍에미리트에서 승용차로 무산담에 가려면 '아부다비-두바이-샤르자-라스 알 카이마'를 거쳐 아라비아반도 북쪽 끝까지 가야 한다. 사방이 황량한 사막의 고속도로에는 지나는 차 한 대 보기 힘들다. 이런 길에서는 크루즈 기능을 켜고 속도를 고정한 채 달리는 게 일반적이다. 하지만 바람에 실려 도로 위에 얇게 깔린 모래는 눈길처럼 미끄러워 항상 조심해야 한다. 차 안에 흐르는 7080 추억의 가요에 맞춰 창밖의 모래바람도 춤추고 있었다. 그렇게 우린 시원하게 뚫린 도로 위를 달려갔다.

가는 길에 움 알 콰인 Umm al-Quwain에 있는 우리만의 오아시스에 들렀다. 사막을 달릴 연료는 휘발유 말고도 마음의 연료가 하나쯤 더 필요하니까. 낙타를 타고 사막을 넘나들던 시절, 사막에서 오아시스를 만났을 때 베두인들의 환희가 이런 것이었을까. 기다리던 바라쿠다*Barracuda* 와인숍(알코올 라이센스 없이도 술 구매가 가능한 곳이다)에 발을 들였다.

움 알 콰인은 아랍에미리트의 일곱 토후국 중 하나로 인구와 면적이 가장 적은 축에 속한다(2023년 기준 7만 3천 명이다). 석유가 나오지 않아서 화려함보다는 옛 모습을 간직하고 있다. 두바이의 네온사인과는 한 시간 남짓한 거리지만 이곳의 공기는 훨씬 느리고 부드럽다.

바닷가의 휴양하기 좋은 이 작은 도시에 리조트와 리쿼샵(liquor+shop의 합성어로 주로 위스키, 브랜디, 보드카, 리큐르 등 수입 주류를 전문적으로 판매하는 상점)이 같이 있었다. 이곳은 두바이에 사는 직원들이 오만 갈 때 꼭 들르라고 귀띔해 준 곳이다. 넓은 창고 안은 선선했고 와인병들은 은빛 조명을 받아 고급스러운 자태를 뽐내고 있었다. 맥주, 와인, 위스키가 각각 방별로 나뉘어 있어 보물창고를 탐험하는 기분이었다. 와인룸에 들어서자 묵직하면서도 달큰한 와인향이 코를 간지럽혔다. 와인숍은 우리를 위해 '참이슬'과 '순희' 막걸리까지 준비해 놓았다. 진열장을 빼곡히 메운 와인과 위스키병들을 보니 내가 이 와인 왕국의 주인이라도 된 듯했다.

우리는 여행의 윤활유가 될 '스텔라' 맥주와 '참이슬'과 와인을 싣고 들뜬 마음으로 북쪽을 향해 달렸다. 그때는 몰랐다. 이 와인박스 하나 때문에 천당과 지옥 사이를 오갈 줄은. 곧 오만 국경이라는 이정표가 보이기 시작했다.

무산담 가는 길, 모래 때문에 도로가 미끄럽다.

사막 한가운데서 만나는 와인의 향연, 바라쿠다 와인숍

알다라 국경 입국 프로젝트

조용필의 〈여행을 떠나요〉를 흥얼거리며 달리다 보니 어느새 오만 국경 검문소에 도착했다. 알다라 국경 통과 출국장*Al Dara Border Crossing. Departure Hall* 앞에 차를 세우고 여권과 차량 서류를 내밀었다. 직원이 도장을 '쿵' 찍어 주었다. 서류를 들고 초소로 가서 군인에게 건넸다.

초병은 익숙한 손놀림으로 차량을 검색하며 숙소가 어디냐면서 짧은 인터뷰를 시작했다. 이어 차량 내부를 휙 훑더니 트렁크 안의 짐을 하나씩 슬쩍슬쩍 들춰 보기 시작했다. 트렁크의 조금 많다 싶은 주류 박스를 보더니 군인의 표정이 살짝 구겨졌다. '성스러운 오만에 오면서 술을 사 오다니!'라고 생각하는 눈치였다. 그러다 트렁크 한쪽에서 비닐봉지에 든 약봉지를 발견하더니 눈이 휘둥그레졌다. 불투명한 비닐봉지 속에는 흰 가루약 포지가 줄줄이 사탕처럼 길게 이어져 있었다. 당시 약 포지는 요즘처럼 아침, 점심, 저녁 표시나 환자 이름이 적혀 있지 않아서 겉으로 보기엔 뭐가 들어 있는지 알 수 없었다. 그 약은 박차장이 한국에서 직접 조제해 온 혈압 약이었다. 군인의 표정은 마치 마약이라도 발견한 듯 굳었다. 순간 공기가 단숨에 얼어붙었다. 그 군인은 한참 동안 약봉지를 들여다보다 낮은 목소리로 말했다. "Follow me with that."

그렇게 박차장은 군인을 따라 국경 사무실로 사라졌다. 그 뒷모습은 마치 적진으로 끌려가는 포로처럼 허망해 보였다. '설

무산담 반도 입구, 하사브로 향하는 국경 이정표

두 번 다시 경험하고 싶지 않은 추억을 남겨 준 오만 국경 검문소

마, 이것이 박차장과 마지막 인사란 말인가?' 주말에 심심해서 떠난 여행길이 갑자기 범죄 드라마로 바뀌는 느낌이었다. '오만 감옥 가서 낙타와 한 방 쓰는 거 아닌가?'라는 엉뚱한 상상이 머리를 스쳤다. 두바이에서 한인 한 명이 아랍에미리트 군인과 주차 실랑이를 하다가 경찰서에 잡혀갔다는 이야기도 떠올랐다.

잠시 후 박차장이 상기된 얼굴로 천천히 차로 걸어왔다. 30분 사이에 10년은 늙어 버린 표정이었다. 우리 모두는 안도와 걱정이 뒤엉킨 눈빛으로 그를 바라보았다. 축 처진 어깨 아래 손에는 약봉지가 단단히 쥐어져 있었다.

박차장은 군인의 보스를 만나 불쌍한 표정을 지으며 "나는 환자이며 선량한 한국인이다. 이것은 마약이 아니라 한국에서 가져온 약이다. 나는 그런 나쁜 사람이 아니다."라고 항변하고 나서야 겨우 빠져나왔다고 했다. 우리는 호텔에 도착할 때까지 빡빡하게 검문한 군인의 흉을 보며 쿵쾅거리던 가슴을 쓸어내렸다.

숙소는 바닷가 바로 앞에 자리한 아타나 하사브 호텔*Atana Khasab Hotel*이었다. 저녁 햇살을 받은 호르무즈 해협의 바다는 은빛 비늘처럼 반짝거렸다. 바라쿠다에서 사 온 맥주 한 모금을 넘기자 쫄깃하게 조였던 심장이 스르르 풀렸다. 정말 긴 하루였다.

돌고래와 함께한 프라이빗 보트 투어

◇

우리는 무산담에 별다른 계획 없이 그저 느긋하게 쉬러 왔을 뿐이었다. '무계획이 곧 계획'이라는 철학을 가진 우리는 다음 날 아침 호텔 직원에게 슬쩍 물었다. "이 근처에 뭐 재미있는 게 없을까요?" 직원은 웃으며 바다 쪽을 손가락으로 가리켰다. "돌고래도 보고 스노클링도 해 보세요." 뱃놀이를 해 보라는 추천이었다. 무계획이란 모든 것을 할 수 있다는 의미이기도 하다.

우리는 곧 하사브 선착장으로 향했다. 선착장은 마치 멈춰 있는 시골 항구처럼 고요했다. 잔잔한 파도 소리만이 귀를 간질였고 늙은 어부 한 명이 느긋하게 출항 준비를 하고 있었다.

우리가 탈 보트는 30명은 너끈히 탈 수 있을 법한 큰 목선이었다. 갑판 가장자리엔 알록달록한 방석이 깔려 있어서 바다를 감상하기 위한 최적의 공간으로 세팅되어 있었다.

그런데 정작 탑승한 사람은 우리 넷뿐. 선원들이 탑승 준비를 마친 후에도 다른 승객은 나타나지 않았다. 의도치 않게 보트는 우리 넷만 태우고 바다로 나아갔다. 말 그대로 '우리를 위한 전세 크루즈'가 되어 버렸다. 이제 갑판 위는 남 눈치 볼 것 없는 오직 우리를 위한 바다였다.

배에는 스낵과 차가운 음료가 준비되어 있었다. 얼음 물통에 캔을 띄워 둔 모습이 여행자의 갈증까지 시원하게 씻어 주는 듯했다. 우리는 조심스레 바라쿠다에서 사 온 맥주를 꺼내며 물었다. "이거, 같이 넣어도 될까요?" 선원은 활짝 웃으며 말했다.

크루즈 선상에서 즐기는 피오르드 전경

도우 크루즈 난간에서 만나는 하사브의 피오르드

"No Problem. Boss!"

그렇게 시작된 프라이빗 보트 투어. 선원들은 우리를 VIP 고객이라도 되는 양 세심히 응대했다. 뭘 보고 싶은지 궁금한 것은 무엇인지 원하는 건 뭐든 다해 줄 기세였다. 배 난간에 기대어 들이켠 시원한 맥주 한 모금은 바다 한가운데서만 맛볼 수 있는 청량감을 주었다. 그 순간만큼 우리는 남부러울 것 없는 바다의 왕자였다. 조금 더 먼 바다로 나아가자 마침내 해안선을 따라 늘어선 석회암 절벽들이 눈앞에 펼쳐졌다. 바다를 등지고 우뚝 솟은 절벽과 험준하게 이어지는 산세는 이곳이 '아라비아의 노르웨이'라는 별명이 붙은 이유를 단박에 설명해 주었다. 북유럽의 피오르드처럼 오만의 북단은 해안선을 따라 좁고 깊은 만이 이어지며 절경을 이루고 있었기 때문이다.

그때 선장이 웃으며 한마디 던졌다. "돌고래는 선박 엔진 소리를 듣고 따라옵니다." 그 말을 듣기라도 한 듯 곧이어 조그마한 파도가 일렁이더니 돌고래 떼가 모습을 드러냈다. 서너 마리의 돌고래가 배 옆을 누비며 경주하듯 따라왔다. 한 마리는 제법 크고 유려해 어미 같았고 나머지는 장난기 많은 새끼들 같았다. 수족관에서나 보던 돌고래를 아라비아 바다에서 마주하다니 이곳이 바로 오만판 '동물의 왕국'이었다. 돌고래들은 배를 따르며 수면 위로 솟구치기도 하며 유쾌한 퍼포먼스를 보여주었다. 바다는 거대한 놀이터였고 돌고래와 우리는 존재의 경계를 잊은 채 자연과 하나가 되었다.

무산담 반도는 협곡형 해안선으로 이루어져 있어 플랑크

보트와 경주하듯 물살을 가르며 따르는 돌고래 무리

무산담 바다에서 즐기는 스노클링 체험

톤이나 작은 물고기들이 풍부하다. 또 연중 바닷물의 수온도 일정하여 돌고래가 서식하기에 최적의 환경이다. 그래서 이곳의 돌고래 투어는 언제나 관광객들에게 인기가 좋다.

돌고래 떼는 돌아가고 배는 인적 드문 작은 무인도 근처에서 속도를 줄였다. 스노클링 타이밍! 스노클링 장비를 챙겨 입에 물고 시원하게 바다로 뛰어들었다. 머리를 담그자 형형색색 산호 군락과 떼를 지은 물고기들이 눈앞으로 유영했다. 한적한 바다 위에서 헤엄치다 지치면 배영으로 누워 맑고 푸른 하늘을 바라보았다. 무인도까지 헤엄쳐 잠시 쉬었다가 섬 주위를 한 바퀴 돌아 다시 배로 돌아왔다.

여벌 옷이 없었기에 젖은 옷을 벗어 배 난간에 널었다. 호르무즈 바람을 맞으며 갑판에 큰대자로 몸을 뉘었다. 그렇게 누워 있으니 문득 이런 생각이 스쳤다. '신드바드도 어쩌면 이렇게 하루를 보냈겠지.'

무산담의 바다는 오늘도 우리를 품어 주었고 그 품 안에는 오래전 고대 항해자들의 그림자가 깃들어 있었다. 지금 불어오는 살랑이는 바람을 수백 년 전 이 바다를 건너던 무역상들 역시 맞이했으리라. 돌고래는 예나 지금이나 뱃사람들의 길동무였을 것이고 석회암 절벽은 언제나 그 자리에 서서 바다를 굽어봤을 것이다. 우리는 잠시 머물렀을 뿐이지만 이곳은 인류의 교역과 교류가 이어지던 세계사의 무대였다. 오늘 우리가 이 바다에서 보낸 하루 또한 그 끝없는 이야기 속에 새겨질 작은 한 조각이 될 것이다.

이슬람 문화

아랍, 이슬람 그리고 중동

'아랍', '이슬람', '중동'. 언뜻 다 비슷한 말 같지만 실은 조금씩 다른 개념이다. 언어(아랍), 종교(이슬람), 지역(중동)이라는 세 축이 부분적으로 겹치며 혼동을 일으키는 것인데 그 결은 분명히 다르다.

먼저 아랍 Arab 이라는 말은 아랍어를 사용하는 민족에 관련된 용어다. 이슬람 Islam 은 특정한 종교를 가리킨다. 중동 Middle East 은 서구 시각에서 바라본 지리적 명칭이다. 이처럼 언어, 종교, 지역이라는 각기 다른 기준이 겹치며 개념의 혼란이 생기게 된다.

아랍어를 모국어로 사용하는 국가는 22개국에 이른다. 중동의 동쪽 끝 아랍에미리트 두바이에서 서쪽 끝 모로코 카사블랑카까지 육로로 약 6천 킬로미터나 떨어져 있음에도 이들 국가에서는 아랍어로 원활하게 소통할 수 있다. 이러한 언어적 통일성을 가능하게 하는 한 이유는 크게 두 가지다.

첫째는 《코란》이다. 1,400년 전부터 전해 내려온 표준 아랍어 텍스트인 《코란》은 아랍인의 언어적 통일성을 떠받치는 핵심이다. 아랍인들은 하루 다섯 번 기도하며 《코란》의 구절을 암송하고 이를 통해 자연스럽게 표준 아랍어에 익숙해진다.

둘째는 알자지라 Al Jazeera 와 같은 글로벌 위성 방송의 영향 덕분이다. 위성과 인터넷 기술은 사하라 사막 한복판까지 전파를 실어 나르며 아랍어권 내부의 언어적 간극마저 좁혀 주었다. 이처럼 강력한 언어적 통일성과 영향력 덕분에 아랍어는 유엔이 정한 여섯 개 공식 공용어 중 하나로 당당히 자리 매김하고 있다.

반면 '이슬람 세계'는 인종, 언어, 지역을 넘어서 이슬람을 다수 신앙으로 가진 문화권 전체를 아우른다. 이슬람의 뿌리는 중동에 있지만 오늘날 무슬림의 70퍼센트 이상은 아시아에 거주한다. 전 세계 무슬림 인구는 약 20억 명으로 추정되며 이슬람 협력기구 OIC 에 가입한 국가만 해도 57개국에 이른다. 이는 유엔 다음으로 큰 국제 조직이다.

흔히 '아랍인=무슬림'이라고 생각하기 쉽지만 실제로 아랍인은 전 세계 무슬림의 20퍼센트도 되지 않는다. 세계 최대 이슬람 국가는 인도네시아(2억 5천만 명)이며 그 뒤를 파키스탄(2억 4천만 명), 인도, 방글라데시가 잇는다. 이집트를 제외하면 모두 아시아권에 속한다.

중동이란 명칭은 '동쪽의 중앙'이라는 뜻이다. 그렇다면 어디를 기준으로 한 중앙일까? 바로 영국이다. 이는 19세기 말 세계 패권을 쥔 영국이 지정학적 필요에 따라 만든 개념이다. 당시 영국에게 중동은 수에즈 운하를 거쳐 인도로 가는 길목이자 석유 자원의 보고였다.

영국은 군사·경제적 이익을 취하는 과정에서 지역들을 구분했고 'Middle East'라는 이름도 이때 생겨났다. 가까운 그리스 지역은 근동 Near East, 멀리 떨어진 일본과 한국은 극동 Far East 이라 불렀다. 결국 '중동'이라는 이름은 이 지역의 고유한 역사나 정체성을 반영한 것이 아니라 제국주의적 시선이 덧씌워진 명칭인 셈이다. '중동'이라는 단어를 쓰는 순간 우리는 서구가 설정한 지정학적 프레임 속으로 들어가게 된다. 이런 이유로 최근에는 중동 대신 서아시아 West Asia 라는 표현도 사용되고 있다.

또한 중동이라고 해서 모두 아랍어를 쓰는 것은 아니다. 대표적인 예외로 이란, 튀르키예, 이스라엘이 있다. 이란은 인도-유럽어족에 속한 페르시아어

*Farsi*를 사용하며 문화·역사적으로도 아랍 세계와 구별된다. 인종적으로는 캅카스계 백인이며 유럽에 더 가깝다. 이란 사람한테 아랍인이냐고 물어보면 뺨 맞을 수도 있다.

튀르키예는 우랄-알타이계 언어에 속하는 튀르키예어를 사용하며 민족적으로는 중앙아시아 유목민 계통인 튀르크족이다. 언어 구조와 정서가 동아시아, 특히 한국과 유사한 점이 많아 우리나라를 '형제의 나라'로 여기는 문화적 유대감도 강하다.

이스라엘은 히브리어를 사용하며 주 종교는 유대교이다. 언어적으로는 아랍어와 같은 아프리카-아시아어족에 속하지만 역사적으로는 전통적인 아랍 세계와 구별된다. 현대 이스라엘은 아랍인이 세운 나라가 아니라 유대인이 건국한 국가이기 때문에 문화적으로도 독자적인 정체성을 갖는다.

결국 아랍, 이슬람, 중동은 단순히 겹치는 개념이 아니라 언어, 종교, 지리, 역사라는 네 개 축 위에서 교차하며 복잡하고 입체적인 정체성을 만들어 낸다. 이러한 복합성 때문에 외부인인 우리는 종종 개념의 경계를 혼동하곤 한다. 더욱이 '중동'이라는 명칭 자체가 서구의 인위적 구분에서 비롯되었듯 현대의 중동 국가들 또한 오스만 제국의 해체 이후 서구 열강의 이해관계 속에서 인위적으로 세워졌다. 이 과정에서 역사적·민족적 맥락이 충분히 반영되지 못했기에 오늘날 이 지역은 정치적 불안과 갈등이 끊이지 않고 있다. 따라서 중동을 이해하려는 노력은 지리적 구분을 넘어 제국주의적 역사와 문화적 맥락까지 함께 살펴야 한다. 이슬람을 올바르게 이해하는 첫걸음은 바로 이러한 역사와 문화를 인식하고 낯선 문화를 같음이 아닌 '다름'의 시선으로 받아들이려는 태도에서 시작된다.

● 캠프 엿보기 ●
아잔 소리가 자장가로 들리기까지는

아랍에미리트에서 생활하며 가장 낯설었던 것은 일상의 중심에 종교가 놓여 있다는 사실이었다. 새벽어둠을 가르며 울려 퍼지는 아잔*Azan* 소리는 하루의 시작을 알렸다. 수백 년 전 첨탑에서 올려 나오던 그 선율은 지금까지 이어져 사람들의 삶과 함께하고 있다.

내가 처음 배정받은 캠프 숙소는 모스크 바로 뒤편에 있었다. 덕분에 새벽이면 어김없이 아잔 소리에 잠이 깼다. 아잔은 밤낮을 가리지 않았고 신입이라고 예외는 없었다. 새벽마다 깨는 것이 불편했고 낮에 불쑥 울려 퍼지면 깜짝깜짝 놀라기도 했다.

그런데 석 달쯤 지나자 신기하게도 새벽에 깨지 않았다. "음~. 이제 아랍에 적응한 거야." 전입 선배들은 나를 진짜 아랍인으로 인정해 주었다. 여섯 달이 지나자 아잔이 잠결에 자장가처럼 들렸다. 휴가로 한국에 돌아왔을 때는 그 소리가 나지 않아 오히려 허전하게 느껴졌다. 낯선 이방인으로서의 불편이 어느새 현지인과 공유하는 리듬으로 바뀌어 있었다.

아잔은 그저 시간을 알리는 소리에 그치지 않는다. 그것은 신성한 시간에 들어섰음을 알리는 신호다. 과거 무아딘*Muadhin*이 첨탑에서 외치던 목소리는 이제 스피커를 통해 마을 곳곳으로 울려 퍼진다. 전달 방법은 달라졌지만 본질은 그대로다. 루와이스 마을에 갔을 때 모스크에서 흘러나온 아잔은 담벼락을 흔들고 공기를 진동시켰다. 어떤 이는 노래 같다고 말하지만 내 귀에는 절에서 들려오는 불경 낭송처럼 꾸밈없는 울림으로 다가왔다. 애절하면서도 평온이 깃든 신비로운 선율이었다.

그 선율에는 어떤 의미가 담겨 있을까? 호기심이 발동해 음성 번역 앱

미나레트에서 아잔을 외치는 무아딘

을 켜 봤지만 잘 인식되지 않았다. 인터넷에서 기도문을 찾아보았다.

"Allahu Akbar" — 신은 위대하다.

"Ashhadu an la ilaha illa Allah" — 나는 알라 외에 다른 신이 없음을 증언한다.

"Ashhadu anna Muhammadan Rasool Allah" — 나는 무함마드가 신의 메신저임을 증언한다.

"Hayya 'ala-s-Salah" — 어서 일어나 기도하라.

"Hayya 'ala-l-Falah" — 어서 성공하라.

"Assalatu khairum-minan-naum" — 기도하는 것이 자는 것보다 낫다.

마지막 구절은 나한테 얘기하는 것 같았다. 뜨끔했다.

아부다비 그랜드 모스크 벽면에 걸린 디지털 기도 시계는 고대의 의례가 현대의 삶과 이어져 있음을 보여 주는 상징물이었다. 정해진 시각에 맞춰 무슬림들은 모스크나 회사 내의 간이 기도실로 향하고 외부에 있는 이들은 기도 매트를 꺼내어 어디서든 펼쳐 놓고 메카를 향한다. 무슬림들의 하루는 기도로 열리고 기도로 닫힌다.

1. 어둠을 가르고 떠오르는 첫 빛 그때 울려 퍼지는 파즈르 *Fajr*
2. 태양이 머리 꼭대기에 오르면 정오의 기도 주흐르 *Dhuhr*
3. 그림자가 두 배로 늘어날 즈음 마음을 고요히 하는 아스르 *Asr*
4. 해가 수평선 아래로 떨어지며 붉은 여운이 남는 순간의 마그립 *Maghrib*
5. 그리고 마지막, 어둠이 완전히 세상을 감싸면 드리는 이샤 *Isha*

이렇게 하루 다섯 번 무슬림들은 세상의 흐름과 나란히 서서 신을 향해 몸과 마음을 모은다. 그 기도는 종교적 의무를 넘어 삶 그 자체였다. 회사 버스 기사였던 이브라힘도 그런 신실한 무슬림이었다. 항상 깔끔한 흰색 토브 차림의 그는 세차 중에도, 고속도로 휴게소에서도 아잔이 울리면 차를 멈추고 조용히 기도에 들어갔다. 그가 펼친 기도 매트 위의 작은 공간은 곧 성소가 되었다.

그 모습을 보고 물음이 생겼다. 그들은 왜 하루에 다섯 번이나 하던 일을 멈추고 기도하는 걸까? 하루 한 번으로는 부족한 걸까? 아마도 인간은 자꾸 흔들리는 존재이기에 기도를 통해 다시 중심을 잡아야 하는 것인지도 모른다. 우리에겐 낯선 풍경일지 모르지만 그들에게 기도는 흩어진 마음을 붙드는 '내면의 닻'이었다. 하루 다섯 번 반복되는 기도는 흩어진 마음을 한

점으로 모으는 의례이자 신과 이어지는 다리였다.

수억 개의 나침반이 하나의 북극성을 향하듯 세계 곳곳의 무슬림은 같은 방향으로 몸을 굽힌다. 그 순간 고대의 유산은 현대인의 일상 속에서 되살아나며 모두가 함께 호흡하는 공존의 리듬이 된다.

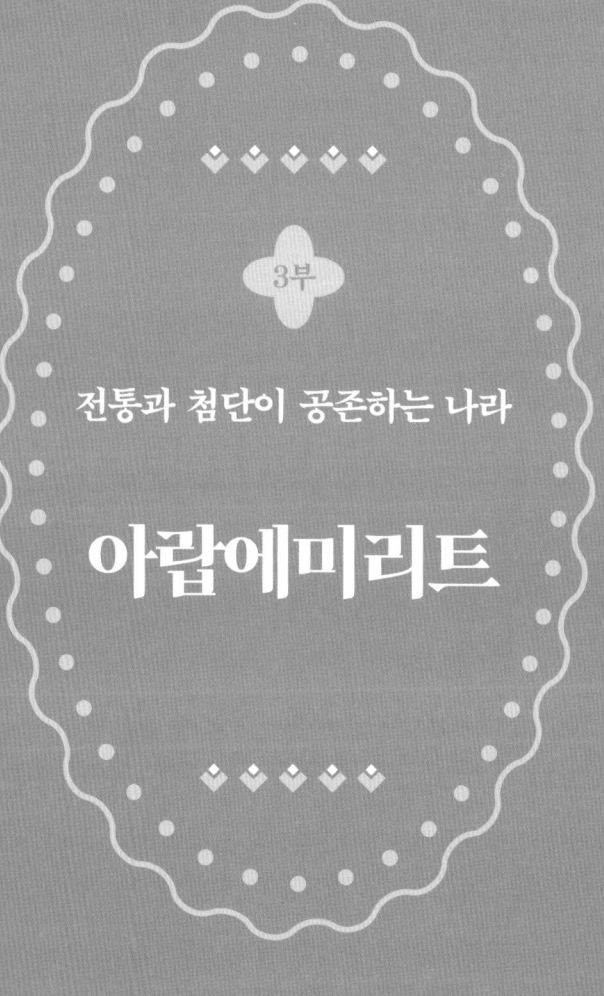

3부

전통과 첨단이 공존하는 나라

아랍에미리트

Abu Dhabi
아부다비

빛과 모래의 도시

아부다비 루브르, 인샬라의 미학

아랍어로 인샬라*Inshallah*는 '신의 뜻대로' 혹은 '신이 원하신다면'이라는 뜻이다. 《코란》에도 나온 말이니 피가 되고 살이 되는 귀한 말임이 틀림없다.

하지만 외국인 입장에서 들으면 이 말은 은근히 '만만디'처럼 들리기도 한다. 아침에 지각해도 "인샬라", 약속을 어겨도 "인샬라". 마치 책임을 타인에게 전가하는 듯 사람들은 이 말을 입에 달고 산다. 이들은 늘상 어깨를 으쓱해 보이며 이런 눈빛을 보낸다. '내 잘못이 아니야. 신의 뜻이지!' 처음에는 불편했지만 한편으론 이상하게 마음이 가벼워지기도 했다. 인간의 힘으로 다할 수 없는 것들을 내려놓는 언어, 그것이 '인샬라'였다.

루브르 아부다비의 개관도 어찌 보면 인샬라의 과정이었다. 아랍에미리트는 세계 최고급 쇼핑몰과 호텔 천국이다. 그에 비해 박물관이나 미술관 같은 문화 시설은 상대적으로 빈약한 편이다. 아랍에미리트 정부도 같은 생각을 하고 있었는지 파격적인 카드 하나를 꺼내 들었다. 아부다비에 루브르 분점을 내기로 한 것이다. 햄버거 프랜차이즈도 아닌데 루브르를 분점처럼 낸다는 발상 자체가 아부다비의 상상력의 스케일을 보여 준다.

사람들은 루브르 아부다비 *Louvre Abu Dhabi*의 개관을 손꼽아 기다렸다. 공사를 시작한 지는 수년이 되었지만 도무지 개관은 깜깜무소식 '인샬라'였다. 그렇게 수많은 인샬라를 하다가 드디어 2017년 프랑스의 마크롱 대통령까지 참석한 가운데 성대하게 개관했다. 2007년 계약 체결 이후 꼭 10년 만의 성과였다.

처음 이 계약이 알려졌을 때 프랑스 내부에서는 적잖은 반발이 있었다. 예술계 인사들은 '루브르는 하나이며 반드시 파리에 있어야 한다'고 목소리를 높였다. 그들에게 문화는 사고파는 물건이 아니었기 때문이다. 하지만 아부다비는 끈질긴 협상 끝에 루브르 본관과 30년 사용 계약을 체결하는 데 성공했다. 아랍인들에게 아부다비 루브르는 사막의 유목민이 오랫동안 꿈꾸어 온 문화의 아이콘이었다. 갑작스러운 석유 발견으로 하루아침에 졸부가 되었다는 세간의 편견을 넘어 스스로 문화와 지혜를 나누는 공간을 일구어 낸 것이다. 사막의 불모지에 문화의 연꽃을 피웠다.

박물관은 프랑스의 세계적인 건축가 장 누벨 *Jean Nouvel*이 설

바다 위에 떠 있는 듯한 아부다비 루브르 전경

계했다. 그는 전통 아랍 건축에서 영감을 받아 이슬람 문화의 상징인 '돔'을 공간의 중심에 두었다. 돔은 아랍 세계에서는 신과 인간이 만나는 공간이자 공동체를 아우르는 포용의 상징이다.

 장 누벨은 이 돔을 현대적 오아시스로 재해석했다. 오아시스가 목마른 이들에게 쉼과 생명을 주듯 이곳은 문화를 위한 그늘이자 안식처로 기능한다. 정교한 기하학적 패턴이 겹겹이 쌓여 돔을 이루는 모습을 멀리서 보면 마치 사막 위에 떠 있는 은빛 별처럼 빛난다. 패턴의 틈 사이로 스며든 햇살은 신이 은총을 내리듯 '빛의 비 Rain of Light'를 쏟아 낸다. 거대한 돔 아래 선 인간은 빛의 조각들 속에서 신을 마주하고 신 앞에 겸허한 마음으로 선다. 그래서인지 이곳에 오면 단순한 박물관을 넘어 모스크의 돔 아래 서 있는 듯한 경건함이 차오른다.

 나는 개관 초기의 혼잡을 피해 박물관이 문을 연 지 한 달쯤 지난 뒤에 이곳을 찾았다. 그럼에도 입구에는 여전히 긴 줄이 늘어서 있었고 전시장 안에 들어가기까지 한참을 대기해야 했다. 운영 시스템이 아직 자리 잡지 못한 듯 내부는 다소 어수선했다.

 전시장은 고대에서 현대까지 시간의 흐름을 따라 구성되었으며 문명과 예술이 조화롭게 어우러졌다. 고대 이집트와 그리스 조각에서부터 현대미술 작품 그리고 아랍에미리트 전통 유물에 이르기까지 다양했다.

 무엇보다 감격스러웠던 순간은 책 속에서만 보았던 작품들을 실제로 마주한 때였다. 나폴레옹의 초상, 피리 부는 소년,

작품 〈공부하는 젊은 에미르〉(1878), 오스만 함디 베이

작품 〈피리 부는 소년〉(1866), 에두아르 마네

작품 〈바벨탑〉(1595), 아벨 그리머

고흐의 자화상까지. 그것들이 바로 앞에 있다는 사실만으로도 가슴이 뭉클해졌다. 루브르 본관에서 정기적으로 작품을 대여받아 전시물을 교체한다고 했다. 다시 와야 할 이유가 생겼다.

아부다비에 머무르며 루브르에는 시간 날 때마다 들렀다. 앞으로 내가 사는 동네에 루브르가 생길 기적은 일어나지 않을 테니 기회 있을 때마다 눈과 마음에 채워 두어야 했다.

한번은 오전 일찍 막 문을 연 시간에 간 적이 있었다. 해무가 박물관을 에워싸고 있었다. 뿌연 안개가 시간마저 멈춘 듯 10미터 앞도 잘 보이지 않았다. 어릴 적 연막 소독차가 지나간 골목처럼 흐릿한 풍경이었다. 그 위로는 햇살이 쏟아지고 아라베스크 문양 틈새를 타고 햇살이 레이저처럼 뚫고 쏟아졌다. 그 빛은 외계의 우주선이 하늘에서 내려와 '빛 내림'을 하는 듯한 몽환적인 장면이었다. 그날은 박물관 안에 들어가지 않아도 이미 충분했다. 그 풍경은 아직도 내 인스타그램 프로필 사진 속에 남아 있다.

아부다비 루브르 옆에는 또 하나의 야심 찬 프로젝트가 진행 중이다. 2006년에 시작된 '구겐하임 아부다비'이다. 2025년 개관이 목표라고 했다. 이번에는 제때 문을 열 수 있을까? 몸에 사리가 생길 때까지 인샬라를 되뇌며 기다려 봐야겠다. 사막 위에 또 하나의 연꽃을 기대하면서.

루브르 아부다비 돔 사이로 내리는 신비로운 '빛의 비'

그랜드 모스크, 아부다비의 대표 얼굴

아부다비의 얼굴이라 해도 과언이 아닌 곳 그랜드 모스크. 아랍에미리트를 찾는 이들이면 누구나 한 번쯤은 들르게 되는 랜드마크다. 이곳을 와 보지 않고는 아랍에미리트를 여행했다고 말하기 어려울 정도다.

아부다비 공항에서 시내로 향하는 고속도로를 타고 가다 보면 오른편으로 거대한 모스크가 멀리서부터 서서히 모습을 드러낸다. 순백의 대리석으로 둘러싸인 웅장한 건축물은 사막의 햇살을 받아 눈부시게 반사하며 지나가는 이들에게 장난을 거는 듯하다. 아랍에미리트를 처음 찾는 사람이라면 관광 명소 한 곳쯤은 이미 '미리 보기'한 셈이다.

정식 명칭은 셰이크 자이드 그랜드 모스크 *Sheikh Zayed Grand Mosque*. 초대 대통령 셰이크 자이드 빈 술탄 알 나흐얀은 이곳의 건축을 주도하며 관용과 평화, 국가 브랜드, 문화적 정체성을 담은 상징적 공간으로 젊은 국가의 비전을 보여 주고자 했다. 그는 아랍에미리트의 건국을 이끌었고 석유 수익을 바탕으로 국가 발전에 기여함으로써 국민의 절대적인 존경을 받았다. 이 모스크는 아랍에미리트에서는 단연 최대 규모이며 세계적으로도 손꼽히는 위용을 자랑한다. 1996년에 착공해 2007년까지 무려 11년이 걸린 국가적 프로젝트였다. 동시에 이곳은 셰이크가 영면한 장소이자 종교적 성소이다.

하지만 이 압도적인 규모와 화려함을 보고 있자면 단순

석양 무렵 푸른 조명에 물든 순백의 돔

황금빛 아치와 기둥이 물 위에 비친 풍경

푸른 조명 아래 돔과 황금빛으로 물든 모스크

한 신앙심만으로 이뤄진 프로젝트는 아니었을 것이라는 합리적 의심도 든다. 백옥색 천연 대리석, 황금빛 기둥, 세계 최대의 카펫, 화려한 샹들리에까지. 두바이가 세계 최고층 빌딩 부르즈 할리파로 자존심을 세웠다면 아부다비는 이 모스크로 조용히 맞불을 놓은 셈이다.

건물 입구에 도착하면 철저하다 못해 살짝 살벌하게 느껴지는 보안 검색대를 지나야 된다. 그 너머로 순백의 대리석 건물이 모습을 드러낸다. 과장된 화려함은 없지만 오히려 절제된 세련미가 느껴진다. 공간 전체엔 경건한 기운이 감돌았다. 신발을 벗으라는 안내는 없었지만 눈부신 대리석 앞에 서자 몸이 저절로 반응했다. 어느새 손에는 신발이 들려 있었다.

이곳의 화려한 장식들은 그저 미관을 위한 것이 아니다. 이슬람 예배당에서 질서와 빛은 신과의 만남을 준비하는 성스러운 무대 역할을 한다. 양탄자, 조명, 아치형 구조물까지 모든 것이 경건함을 불러일으키도록 질서 정연하게 설계되어 있다.

그랜드 모스크는 현재 아랍에미리트의 국가 정체성을 건축으로 구현한 상징물이라 할 수 있다. 동네마다 하나씩 있는 소박한 모스크가 과거의 아랍에미리트를 간직하고 있다면 이 세련되고 웅대한 공간은 그들이 꿈꾸는 미래의 비전을 상징하는 듯하다.

밤의 모스크는 낮에 보여줬던 웅장함과는 다른 찬란한 '신비로움'을 뽐낸다. 야경 속 조명이 건물을 감싸며 비추는 빛줄기는 모스크의 돔과 아치의 곡선을 더욱 또렷하게 부각시킨다. 한밤의 신기루처럼 피어나는 야경은 미지의 세계에 온 듯한 착각을 불러일으킨다.

특히 회랑 연못에 비친 모스크의 모습은 그야말로 환상적이다. 물결 위로 일렁이는 건물 그림자가 꿈결처럼 흔들린다. 밤하늘에 튤립처럼 피어 있는 돔은 푸른 옷을 입은 알라딘 램프의 '지니'를 떠올리게 한다. 온통 푸른빛이 감도는 모스크 중앙 광장에 서 있으면, 금방이라도 돔 뒤에서 지니가 나올 것만 같다. 밤의 그랜드 모스크는 말 그대로 현실에 펼쳐진 아라비안나이트다.

사막 위 궁전, 에미리트 팰리스 호텔 이야기

두바이에 버즈 알 아랍 호텔Burj Al Arab Hotel이 있다면 아부다비에는 단연 에미리트 팰리스 호텔Emirates Palace Hotel이 있다. 공식적으로는 5성급이지만 사람들은 흔히 '7성급 호텔'이라 부른다. 2005년에 문을 연 이 호텔은 외교사절과 귀빈 접대를 염두에 두고 세워진 국가 지정급 럭셔리 호텔이다. 지금도 이곳은 숙박 이상의 의미를 지니며 권위와 품격을 상징하는 공간으로 자리매김하고 있다.

원래는 왕궁으로 지으려다 용도만 바뀐 것이라는 소문이 돌 만도 하다. 실제로 왕이 거주한다고 해도 고개가 끄덕여질 만큼 장엄함은 왕궁에 견줄 만하다. 거대한 돔과 황금빛 장식, 사막

(위) 사막 위의 궁전 에미리트 팰리스 호텔, (아래) 럭셔리한 호텔 내부

위에서 반짝이는 궁전 같은 외관은 피상적인 화려함을 넘어선다. 그것은 석유로 비약적인 부를 축적한 근대 국가가 전통적 절대 왕정의 위용을 건축 언어로 재현해 낸 결과물이라 할 수 있다.

    2001년에 착공해 2005년에 문을 연 이 호텔은 걸프 지역 국가 정상들의 공식 회의와 국제 행사를 위한 공간으로 아부다비 정부가 직접 주도한 프로젝트였다. 그저 석유 도시로만 비치는 이미지를 넘어 아부다비를 문화와 비즈니스의 중심지로 부각하려는 전략이었다. 그 속에서 국가의 대외적 위상을 드러낼 수 있는 '궁전 같은 호텔'이 필요했던 것이다.

    외부와 로비는 여러 차례 둘러봤지만 아쉽게도 숙박까지 경험해 보지는 못했다. 호텔 앞마당의 분수는 한낮의 열기를 식히려는 듯 항상 시원하게 물줄기를 내뿜고 있다. 지하로 내려가면 투숙객 전용 프라이빗 비치로 이어지는 문이 있다. 살짝 열린 문틈 사이로 햇살 아래 반짝이는 비치 풀, 그 옆에 나란히 놓인 고급 파라솔과 선베드가 여유로운 풍경을 만들어 내며 한여름의 파라다이스를 재현해 보인다.

    호텔 메인 현관문을 열고 들어서면 은은한 금빛이 감도는 넓은 로비가 한눈에 들어온다. 로비 바닥에는 정교한 아랍 문양이 새겨진 대리석이 깔려 있고 시선을 올리면 모스크를 연상케 하는 둥근 천장이 웅장하게 솟아 있다. 객실은 둥근 홀을 중심으로 빙 둘러 배치되어 있어 사막 한가운데 자리한 궁전처럼 느껴진다.

    두바이의 버즈 알 아랍 호텔은 내부를 한 번 구경하려 해도 별도 비용을 내고 투어를 예약해야 한다. 치사하게(!) 입장권을 끊어야만 들어갈 수 있다. 하지만 에미리트 팰리스 호텔은 아부다비를 찾는 누구에게나 활짝 열려 있다.

이 차이는 입장료 이상의 의미가 담겨 있다. 두 도시가 지향하는 전략 자체가 다르기 때문이다. 두바이는 상업적이고 대중적인 화려함을 전면에 내세운다. 인공섬, 초고층 빌딩, 초대형 쇼핑몰은 '돈만 있으면 무엇이든 가능하다'는 경제 우선의 논리를 드러낸다. 반면 아부다비는 겉으로는 담백하지만 그 속에는 품위가 깃들어 있다. 국가의 수도이자 막대한 부를 바탕으로 정치적 권위를 구축하고 문화를 선도한다. 그랜드 모스크, 에미리트 팰리스, 루브르 아부다비에 이르기까지 이 모든 것은 품격과 정체성을 드러내는 국가 브랜드다. 그래서 여행자의 눈에 두바이가 멋지게 꾸민 막내라면 아부다비는 속 깊은 큰형처럼 다가온다.

에미리트 팰리스는 겉보기에만 화려한 호텔로 머무르지 않는다. 이곳에는 유목민 전통에서 비롯된 아라비아식 '환대' 정신이 담겨 있다. 낯선 이에게 물과 쉼을 나누던 유목의 전통이 석유 산업으로 부를 쌓은 아랍의 현대적 환대로 재탄생한 공간이다. 예로부터 아랍 유목민들은 텐트 안의 '마즐리스*Majlis*'라는 공간에서 낯선 이를 따뜻하게 맞이하며 아라비안 커피와 대추야자를 대접했다. 그 전통이 오늘날 금가루 커피와 럭셔리 호텔 서비스로 이어지고 있는 것이다.

팰리스 호텔에는 유명한 명물 두 가지가 있다. 첫 번째는

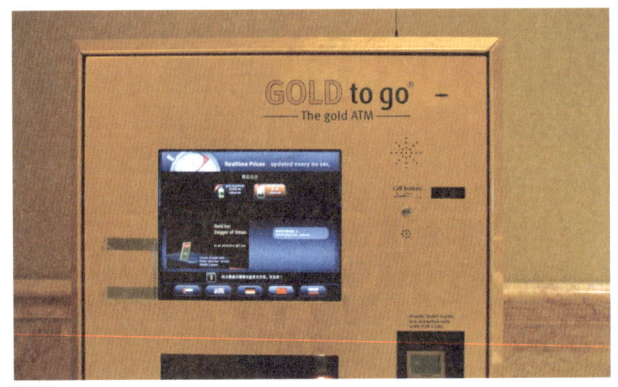

(위) 현금 대신 금을 뽑는 자판기 '골드 투 고'
(아래) 팰리스 호텔의 호화로움을 한 잔에 담은 금가루 커피

로비 한구석에 놓인 골드바 자판기다. 실제로 사는 사람은 본 적 없다. 하지만 금을 좋아하는 아랍인의 감성을 저격한 서비스이지 않은가.

두 번째는 금가루 커피로 유명한 르카페 *Le Café*다. 호텔 홈페이지에는 예약이 필수라고 적혀 있지만 평소에는 그냥 가도 무방하다. 하지만 가족들과 함께 구경 가는 날 나는 혹시 몰라서 예약을 해두었다.

금가루 커피의 메뉴판 공식 명칭은 '시그니처 24K 골드 플레이크 팰리스 카푸치노'다. 부드러운 우유 거품 위에 금가루가 뿌려진 카푸치노는 대추야자와 함께 은색 트레이에 올려진다. 카페의 푹신한 의자에 앉아 피아노 라이브 연주를 들으니 마치 중동의 귀빈 대접을 받는 듯한 기분이다. 3만 원이라는 가격이 살짝 부담되지만 이 기분을 맛보려는 관광객들로 늘 붐빈다.

예상대로 금가루 커피라고 해서 특별한 맛은 아니었다. 하지만 커피 한 잔으로 30분이나마 왕족 체험을 할 수 있다면 투자할 만하다.

바다도, 사막도, 궁전도 결국은 시간 위를 스쳐 가는 풍경일 뿐이다. 그래도 가족과 함께한 그날의 햇살, 커피 한 잔의 추억은 지금도 마음속에서 반짝인다. 에미리트 팰리스. 이름만 들어도 마음이 우아해진다.

아부다비 옥류관에서 대동강 맥주 마시기

아부다비 공용 버스터미널 근처에는 '그랜드 밀레니엄'이라는 호텔이 자리하고 있다. 객실 수가 많아 예약이 수월하고 가성비도 뛰어나 주말 외출 때마다 단골처럼 찾는 곳이다. 게다가 회사 제휴 혜택 덕에 할인까지 받을 수 있어 더없이 좋았다.

호텔 식당은 1층(우리나라 기준으론 2층)에 자리하고 있었다. 그런데 어느 날 식당 옆에 칸막이가 세워지더니 공사가 시작됐다. 몇 달 후 낯설면서도 어디선가 들어본 듯한 이름 석 자가 간판에 걸렸다. '옥류관'.

처음 들으면 평범한 한식당 같지만 옥류관은 북한에서 외국인과 고위층 인사를 접대하는 상징적인 공간이다. 해외에 있는 북한 식당들은 단순한 영업장이 아니다. 체제 이미지를 관리하고 외화를 벌어들이는 일종의 문화 외교의 거점이자 때로는 외교관과 정보기관이 뒤에서 관리하는 정치적 창구 역할을 한다. 북한은 이런 방식을 통해 체제를 홍보하고 충성 자금을 확보하며 해외 네트워크를 넓혀 왔다. 그런 장소가 아부다비에 분점을 냈다는 것은 북한식 '문화 외교'가 이곳까지 스며들었다는 뜻이기도 했다. 개점 소문은 이미 교민 사회에 빠르게 퍼졌고 호기심과 우려가 교차했다.

반공 세대인 우리는 옥류관 이용을 두고 의견이 갈렸다. 옥류관을 이용하려면 '회사에 보고해야 한다'는 쪽과 '그럴 필요 없다'는 쪽. 몇 개월 후 식당은 정식으로 문을 열었다. 다행히도 별도의 이용 제한이나 보고 지침은 없었다. 하지만 모든 일에 신중했던 우리는 개관을 하고도 한참이 지난 다음에야 가 보았다.

옥류관 내부는 깔끔했지만 북한 특유의 촌스러움이 묻어났다. 입구에는 북한식 붓글씨로 큼지막하게 '옥·류·관'이라고 쓰여 있었고 벽면에는 '우리는 하나다'라는 문구와 함께 북한풍 사진이 걸려 있었다. 한쪽 벽엔 개별 룸이 줄지어 있었고 구석엔 가라오케 시설도 마련돼 있었다. 종업원은 저녁에는 손님이

대동강 맥주 한잔 드시라요~

많다며 은근히 자랑했다. 주말 오후였지만 식당 안은 한산했고 손님보다 많은 한복 차림의 젊은 여성 직원들이 무표정한 얼굴로 분주히 오갔다.

우리는 무난하게 하이네켄 맥주를 주문했다. 그런데 주문을 받던 여종업원이 간드러진 목소리로 말했다.

"남조선 오라버니들~ 대동강 맥주 드시라요~."

그 한마디에 우리 일행은 동시에 무장해제되었다. 정신줄을 놓고 한목소리로 화답했다. "그럼 대동강으로 주시라요~."

불과 몇 분 전까지만 해도 맥주는 다 거기서 거기라고 했던 사람들이 순간 민망한 얼굴로 서로를 바라보며 웃음을 터뜨렸다. 그 웃음소리 속에서 잠시나마 북한에 대한 경계심이 사라지고 여느 평범한 한국 식당에 앉아 있는 듯한 착각이 들었다.

하지만 맥주 한 잔에 허물어진 경계가 얼마나 오래갈까. 지금 이 순간만큼은 남북의 장벽이 사라진 듯했지만 문을 나서는 순간 현실은 다시 차갑게 벽처럼 세워질 것이다. 문득 분단이라는 것은 어쩌면 인간이 만들어 낸 허상일지도 모른다는 생각이 스쳤다.

안주는 특색료리, 건강료리, 더운료리, 메뉴만 해도 수십 가지라 한참을 고민했다. 우리는 굴전, 버섯탕 등 몇 가지를 골랐다. 굴전은 은은한 바다 향이 입맛을 돋웠고 버섯탕은 연한 된장 베이스에 표고가 담백했다. 입에 짝 달라붙는 맛은 아니었지만 외국에서 한식을 맛본다는 사실만으로 마음이 푸근해졌다.

여종업원들은 가끔 테이블을 돌며 친절하게 말을 건네기도 하고 빈 잔에 맥주도 따라 주었다. 아무래도 영업 전략인 듯했다. "오라버니들, 개나리 술도 한번 드셔 보시라요." 하며 비싼 개나리 술을 계속 권해와서 사양하느라 진땀을 뺐다. 처음엔 종업원들의 다소 과장된 친절이 어색했지만 같은 언어로 말이 통한다는 사실만으로 묘한 동질감이 피어났다.

이곳은 단순히 음식을 파는 장소가 아니었다. 남과 북의 사람이 제3국이라는 삼중의 경계에서 교차하는 하나의 사회적 실험장이었다. 낯설게 들리던 언어가 오히려 자연스레 통했고 같은 언어가 오히려 서먹하게 다가오는 아이러니는 분단 사회에서만 가능한 풍경이었다. 그것은 우리로 하여금 경계와 정체성의 본질을 다시금 성찰하게 만들었다.

그렇게 우리는 '옥류관'에서 먹고, 웃고, 마음에 따뜻함을 지핀 채 다시 사막의 일상으로 돌아갔다. 마치 아무 일도 없었던 것처럼.

맹그로브 숲에서 보트 투어하기

▽

아부다비 아난타라 호텔Anantara Hotel 근처 해안도로를 따라 달리다 보면 창밖으로 펼쳐진 짙푸른 맹그로브 숲이 시선을 붙잡는다. 우리에게 익숙한 소나무 방풍림과는 사뭇 다른 어딘가 생경하고도 이국적인 풍경이다. 바로 이스턴 맹그로브 국립공원Eastern Mangrove National Park이다. 공원 주변에는 카약을 빌려 주는 업체들이 여럿 있었다. 우리 일행은 2인 1조로 카약을 빌려 숲을 탐방하기 시작했다.

투어는 대략 두 시간 남짓. 구명조끼를 입고 천천히 노를 젓다 보면 어느새 숲 주위를 크게 한 바퀴 돌게 된다. 이어서 숲 사이의 수로처럼 이어진 샛길로도 들어갔다. 숲 주위는 수심이 얕아서 바닥의 모래까지 훤히 보일 정도다. 처음엔 카약이 뒤뚱거려 놀랐지만 금세 리듬을 찾았다. 혹시 파트너와 싸우다가 뒤집힌다 해도 물 깊이가 무릎 정도에 불과하니 큰 걱정은 없다. 다만 더 멀리 바다 쪽으로 나가면 수심이 깊어지니 여유는 즐기되 방향 감각은 잃지 말아야 한다.

숲 가까이 다가가 맹그로브 나무를 들여다보기도 하고 지

사막의 푸른 생명력을 간직한 맹그로브 공원

치면 작은 섬에 배를 대고 한숨 돌렸다. 늪지대에는 맹그로브뿐 아니라 해초와 갈대가 어우러져 자라고 있었고 모랫바닥 위에는 고둥같이 생긴 조그마한 생물들이 느릿느릿 기어다녔다. 멸치보다 작은 물고기들이 떼를 지어 나무뿌리 사이를 바삐 오갔고 그 옆으로는 그들을 노리는 물새들이 유유히 맴돌았다.

맹그로브는 중생대 백악기부터 존재해 온 이른바 '살아 있는 화석'이다. 주로 열대 지역의 강 하구나 해안 진흙땅에서 자생하며 동남아시아를 비롯해 인도 태평양 연안에서도 그 모습을 볼 수 있다.

맹그로브의 특징 중 하나는 공중으로 솟은 뿌리다. 거꾸로 뻗은 촉수처럼 물 밖으로 올라와 산소를 흡수한다. 가까이서 살펴보면 뿌리가 모래 위로 고개를 내민 모습이 신비롭다. 이 뿌리 덕분에 나무 전체에 산소가 공급된다. 잎에는 염분을 배출하는 기능이 있어 정글 속 소금 광산 역할을 하고 줄기엔 수분이 저장되어 일종의 천연 물탱크 구실을 한다. 참으로 치밀한 생존 전략이다.

나는 저 작은 나무가 품은 생명의 기술 앞에서 잠시 말문이 막혔다. 그저 우거진 숲이라고만 생각했던 곳이 알고 보니 수많은 생명체가 서로 의지하며 살아가는 정교한 생태계였다.

나는 카약을 저으며 그 생명의 숨결을 한 땀 한 땀 들여다보았다. 숲속으로 들어가니 사방이 맹그로브로 둘러싸여 수천 년 전으로 돌아간 것 같았다. 바람도 숨을 죽인 듯 고요했고 숲은 오래된 이야기를 속삭여 주는 듯했다.

생명을 품고 느릿하게 섬으로 변해 가는 맹그로브 숲

최근 들어 맹그로브는 환경 보호 측면에서 '해결사'로 다시 주목받고 있다. 이 나무는 일반 산림보다 다섯 배나 많은 탄소를 흡수해 '푸른 탄소의 보고'라고 불린다. 또 물고기 산란장과 은신처가 되어 주며 쓰나미로부터 해안을 막아 주는 자연 방파제 역할도 한다. 2004년 남아시아 대지진 당시 맹그로브가 사라진 지역일수록 피해가 컸다고 전해진다.

사실 지금의 두바이와 아부다비가 자리한 해안도 오래전에는 광활한 맹그로브 늪지대였다. 기원전 3000년 무렵 늪이 서서히 마르면서 육지가 드러났고 기원전 2500년경에 유목민들이 정착하여 대추야자를 키우기 시작했는데 이때 맹그로브의 뿌리는 토양을 붙잡아 새로운 땅을 만들었고 물고기는 식량 창고가 되었으며 나무는 집과 불을 위한 자원이 되었다.

늪은 곧 항구가 되었고 그 뿌리 위에서 중동 문명은 싹을 틔웠다. 오늘날 거대한 도시 아래에는 여전히 물과 늪의 기억이 겹겹이 남아 있다. 내가 마주한 그날의 맹그로브 숲도 생태계가 천천히 자리를 잡아 가고 있는 중이었다. 바다는 아주 느릿하게 섬으로 변해 가고 있었다. 어쩌면 수천 년 후 이곳 역시 또 다른 문명의 터전이 되어 있을지도 모른다.

헤리티지 빌리지, 아부다비 시간 여행

아랍에미리트에서 내가 처음 찾은 곳은 바로 헤리티지 빌리지Heritage Village다. 아부다비 마리나몰 근처, 아부다비 극장 옆에 자리하고 있는 이곳은 한국의 용인 민속촌을 떠올리게 했다. 입장료도 무료라 부담 없이 찾을 수 있는 곳이다. 이곳에서는 아랍인의 조상들이 어떻게 살아 왔는지를 직접 눈으로 확인할 수 있다.

아랍에미리트는 아부다비를 비롯한 일곱 개의 토후국이 경제적 이해관계로 뭉쳐 형성된 연합 국가이다. 그중 아부다비는 연합국 창설을 주도했으며 국토의 85퍼센트를 차지하고 있는 데다 석유가 나는 거의 유일한 지역이다. 그래서 국가 운영 역시 자연스럽게 아부다비를 중심으로 이루어진다. 20세기 초

아부다비 전통 문화를 체험할 수 있는 헤리티지 빌리지 입구

영국의 보호령 아래 있던 현 아랍에미리트 토후국들은 아부다비의 지도자 셰이크 자이드를 중심으로 연합 국가 창설을 위한 작업을 시작했다. 처음에는 지금의 일곱 개 토후국(土侯國)에 더해 카타르, 바레인까지 아홉 개 토후국이 함께하는 방안이 검토되었으나 최종적으로 두 나라는 별도로 독립을 선택했다. 1971년 12월 2일 세계 역사 속에 처음으로 아랍에미리트라는 나라가 등장했다.

과거 아부다비는 진주를 채취하던 사람들이 낙타에 물을 싣고 지나며 잠시 머무르던 작은 해안 마을이었다. 18세기경 이 섬에서 물이 발견되면서 '알 부 팔라흐' 부족이 이곳으로 수도를 옮겼는데 이 부족의 일원이 바로 훗날 아부다비 왕가가 되는

석유 발견 전 중동 지역의 거리 풍경, 오른쪽에 모스크 미나레트가 보인다.

'알 나흐얀' 가문이다.

베두인 Bedouin(사막에 거주하는 아랍계 유목민을 지칭)은 여름철 따뜻해진 바닷가에서 진주조개를 채취하며 생계를 꾸렸다. 바다에서 번 돈으로 생필품을 사서 가족들이 기다리는 사막으로 돌아가는 생활을 반복했다. 헤리티지 빌리지는 진주잡이에 의존하던 시절 사막 속 척박한 일상을 오롯이 재현해 놓은 공간이다. 전시된 흑백사진 속에는 그 시절 삶의 고단함이 고스란히 배어 있다.

20세기 초 일본산 양식 진주의 등장으로 진주 가격이 폭락하면서 아부다비는 큰 위기를 맞는다. 하지만 죽으란 법은 없는지 1950년대 석유가 발견되면서 아부다비는 말 그대로 상전벽

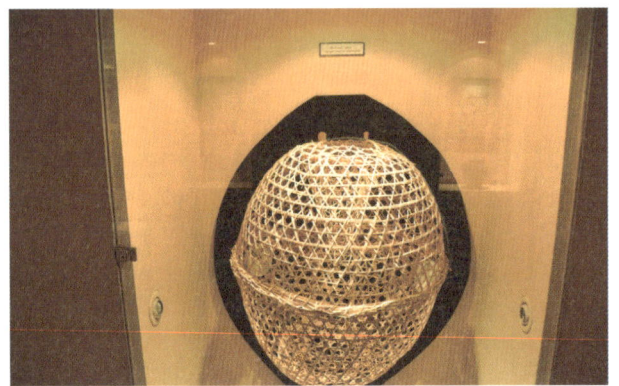

물고기잡이 통발

아랍어로 기록된 고대 양피지 필사본

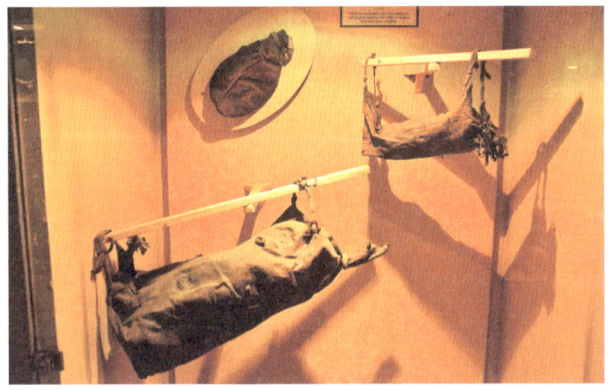

기름이나 물을 운반하던 염소 가죽 용기

1960년대 사막의 작은 어촌 공동체 풍경

해를 이룬다. 이 또한 그들이 말하듯 알라의 뜻이었을까.

성문 형태의 입구를 지나면 성곽을 본뜬 분수가 여행자를 맞는다. 주변에는 박물관과 전통 공예 제작소, 기념품 상점이 오밀조밀하게 모여 있다. 유목의 삶에 뿌리를 두고 있는 아랍의 문화는 웅장한 유물보다는 소박한 일상의 흔적이 더 많다. 그래서 이곳을 찾는 관람객들은 다소 심심하다고 느낄 수 있다.

박물관 내부는 전통 복식과 무기, 생활 도구는 물론 대형 랍스터 표본까지 전시돼 있어 당시 삶의 일면을 생생하게 보여주고 있다. 조명이 어둡고 설명이 간결한 덕분에 관광객은 오히려 유물 앞에 멈춰 서서 꼼꼼히 보게 된다.

한쪽 벽에는 1960년대 아부다비의 사진이 걸려 있다. 사

헤리티지 빌리지 뒤편의 고대 도우선과 멀리 보이는 현대적 스카이 라인

막 위로 단층짜리 집들이 다닥다닥 붙어 있는 모습이 꼭 우리네 옛 달동네를 닮았다. 그 위로 에미리트 팰리스 호텔과 그랜드 모스크의 실루엣이 아련히 겹쳤다.

  박물관을 나서면 전통의 숨결이 살아 있는 공예촌이 이어진다. 낙타 무늬 카펫 공방, 아라비안나이트 속 전설의 검을 연상케 하는 칼 제작소, 모래를 예술작품으로 만들어 버리는 샌드 아트 기념품점, 구리 주전자가 은은한 빛을 내는 상점들이 연이어 늘어서 있다. 나이 지긋한 로컬 장인이 한 땀 한 땀 손으로 작업하다가도 관광객을 만나면 환한 웃음과 함께 사진을 찍어 준다.

밖으로 나오면 기념품 가판대가 줄지어 있고 그 맞은편 모래밭에 사막 유목민들의 삶을 재현한 공간이 펼쳐져 있다. 야자나무 잎과 나무로 엮은 가건물 위에는 겨울을 나기 위해 양털로 만든 천이 덧대어져 있었다.

옆으로는 오아시스 도시 알아인을 재현한 오아시스 하우스가 자리하고 있다. 작은 야자수 집 안에는 카펫이 깔려 있고 뜨거운 태양 아래에서 잠시 쉴 수 있는 그늘이 드리워져 있다. 사막을 떠돌던 대상Caravan들이 물과 그늘을 발견했을 때 느꼈을 안도감이 스며 있는 공간이었다.

마지막으로 박물관 뒤편 바닷가로 향하면 전통 목선 도우선Dhow 몇 척이 시간에 저항하듯 멈춰 서 있다. 눈을 돌려 바다 건너편을 보면 코니쉬 비치와 아부다비의 고층빌딩 숲이 우뚝 솟아 있다. 과거를 재현한 헤리티지 빌리지에서 바라보는 화려한 현대의 도시. 과거와 현대가 겹쳐지며 그 공간의 울림이 다가온다.

Dubai

두바이

사막, 상상력 그리고 바다의 꿈

사막에 세운 최고의 인공물들

두바이는 사막 위에 '세계 최고'를 세우는 데 진심인 도시다. 세계에서 가장 높은 빌딩 부르즈 할리파, 세계 최대 쇼핑몰인 두바이몰, 가장 넓은 인공 군도(群島) 팜주메이라, 최고급 호텔 부르즈 알 아랍, 사막의 역설 스키 두바이까지.

이 도시의 끝없는 야망을 보기 위해 관광객들은 오늘도 두바이 공항으로 몰려든다. 이 공항은 미국 애틀랜타, 중국 베이징 공항과 더불어 세계 3대 국제공항으로 꼽힌다. 그렇다면 두바이는 왜 이토록 '세계 최고'에 집착하는 것일까?

전문가들은 이를 두바이의 생존 전략이라고 말한다. 석유가 풍부한 아부다비와는 달리 두바이는 석유만으로는 도시를 유지할 수 없는 구조였기 때문에 관광, 금융, 무역을 끌어들이는 차별화 전략이 필요했다.

2020년 기준 두바이의 GDP에서 석유 비중은 1퍼센트에 불과하다. 산유량은 많지 않았지만 두바이는 유럽·아프리카·인도를 잇는 요충지라는 지리적 장점을 발판으로 스스로 하나의 브랜드로 성장했다. 이제 더 이상 석유를 생산하지 않음에도 불구하고 '두바이유'는 여전히 중동 원유의 대표적 벤치마크로 자리 잡고 있다.

부르즈 할리파의 전망대에 오르면 163층(829미터)의 위용이 발아래 펼쳐진다. 도시 전체가 하나의 쇼케이스처럼 반짝인다. 밤이 되면 빌딩 외벽은 화려한 광고 영상으로 채워지고 명절이나 새해에는 빌딩에서 쏘아 대는 불꽃이 도시를 화려하게 수놓는다. 1층 분수 쇼는 라스베이거스 벨라지오 호텔을 벤치마킹한 것이지만 이제는 오히려 원조를 넘어서 두바이의 핫플레이스가 되었다. 관람객은 곧장 지하 통로를 통해 두바이몰로 갈 수 있다. 쇼핑조차 '세계 최고'로 즐기라는 듯이 말이다.

소비 또한 세계 최대를 지향한다. 두바이몰은 단순히 물건을 사고파는 곳이 아니다. 아쿠아리움과 테마파크, 심지어 '두바이 다이노' 공룡 화석까지 갖춘 '도시 안의 도시'다. 규모는 샤넬과 루이비통을 비롯해 백화점 열 개 정도를 합쳐 놓은 크기다. 그리고 에미리트몰에는 사막의 상상력을 증명하는 '스키 두바이'까지 있다. 누가 이런 기발한 생각을 했을까. 모래 위에 인공산을 만들고 리프트를 세워 겨울을 통채로 옮겨 놓다니.

두바이의 랜드마크 부르즈 할리파

(위) 분수쇼를 기다리는 관람객들
(아래) 에미리트몰에 있는 세계 최대 규모의 실내 스키장 '스키 두바이'

물론 이 모든 것은 최고인 동시에 부담이다. 인공섬은 끊임없이 바닷물을 순환시켜야 하고 초고층 빌딩은 끝없는 유지비를 집어삼킨다. 막대한 에너지 소비와 부채, 그리고 2009년 금융위기 때 파산 직전까지 몰렸던 사실이 그 증거다. 그럼에도 두바이는 과감하게 '과잉'을 선택했고 세계인의 이목을 끌어 존재감을 확보했다. 그리고 이러한 전략은 허영을 넘어선 도시의 생존을 담보한 선택이었다.

두바이의 최고에 대한 집착은 그저 경제 전략에 그치지 않는다. 이면에는 문명이 반복해 온 본능적 욕망이 숨어 있다. 하늘에 닿고자 했던 바벨탑, 영원을 꿈꾸던 피라미드, 신을 향해 솟아오른 고딕 성당의 첨탑.

두바이의 초고층 빌딩과 인공섬은 이 오래된 욕망을 현대 기술과 자본으로 다시 쌓아 올린 것이다. 바벨탑은 신의 분노로 무너졌다는 신화로 전해지지만 그 이야기의 본질은 '하늘까지 닿고 싶다'는 인간의 본능을 드러냈다는 데 있다. 하늘을 찌르는 건축물은 유한한 존재임에도 영원한 흔적을 남기고 싶어 하는 열망의 표현이다. 두바이의 과잉은 단순한 허영이 아니다. 문명이 스스로를 증명하는 방식이며 동시에 인류가 반복해 온 욕망의 최신 버전이다. 두바이의 전 통치자 '라시드 빈 사이드 알 막툼'은 이렇게 말했다.

"나의 할아버지는 낙타를 탔다. 나의 아버지도 낙타를 탔다. 나는 메르세데스를 탄다. 내 아들은 랜드로버를 탄다. 그의 아들도 랜드로버를 탈 것이다. 그러나 그 아들의 아들은 다시 낙타를 탈 것이다."

석유의 번영은 영원하지 않으며 준비하지 않으면 과거로 회귀할 수밖에 없다는 성찰이다. 석유는 사막에서 솟아난 기적 같았지만 동시에 고갈을 향해 흐르는 신기루이기도 했다. 그는 증손자가 다시 낙타를 타지 않도록 지금의 두바이를 상상했다. 중동의 작은 항구였던 두바이는 이제 세계 비즈니스 허브로 변모했다.

결국 두바이는 전략과 본능이 맞닿아 있는 곳이다. 한편으로는 생존을 위해 세계 최고를 세운 경제 전략이며 또 한편으로는 인간이 늘 반복해 온 본능적 열망의 표현이다. 이제 질문은 우리에게 남는다. 두바이의 '세계 최고'는 과유불급으로 끝날 것인가, 아니면 새로운 문명의 모델로 자리 잡을 것인가?

사우디아라비아의 빈 살만 왕세자가 추진하는 네옴 시티 프로젝트는 이 물음이 더 이상 두바이만의 것이 아님을 보여 준다. 그것은 인류 전체가 함께 마주한 질문이기도 하다.

바다 위에 핀 야자수, 팜주메이라 인공섬

◈

아틀란티스는 신의 분노로 하루만에 바닷속으로 가라앉았다고 전해지는 전설 속의 섬나라다. 고대 그리스 철학자 플라톤의 저작에 처음 등장한 이 낙원 같은 이상향은 수많은 문명에서 반복적으로 꿈꾸어 온 이미지였다. 오늘날 두바이의 인공섬 팜

두바이의 도시 브랜드를 상징하는 팜 주메이라

주메이라 끝자락에 자리한 '아틀란티스 더 팜' 호텔은 그 신화를 현실로 소환한 듯하다. 핑크빛 외관과 이국적인 실루엣이 동화 속에서 금방 튀어나온 것 같은 풍경이다.

　　허구 속 전설이 실제 건축물로 되살아나고 관광객은 현실 속에서 신화의 무대를 걷는 듯한 경험을 한다. 두바이는 그렇게 허구와 현실의 경계를 지워가며 상상이 곧 현실이 되는 시대의

상징이 되었다.

    이 화려한 호텔에 가려면 팜 게이트웨이*Palm Gateway* 역에서 섬으로 들어가는 모노레일로 갈아타야 한다. 무인 모노레일의 맨 앞자리에 앉으면 파노라마 같은 풍경이 시원하게 펼쳐진다. 창밖으로는 야자수 모양의 인공섬이 한눈에 들어오고 줄지어 선 호화 빌라들은 TV에서만 보던 바로 '세계 부호들의 별장'이다. 별장이 늘어선 모습은 마치 영화 속 한 장면 같았고 우리는 그 스크린을 스쳐 지나가는 엑스트라 같았다.

호텔의 명소 로스트챔버 Lost Chambers 아쿠아리움은 아틀란티스의 전설을 재현한다. 유리 너머 펼쳐진 수중 도시의 장면은 관람객을 잃어버린 섬 아틀란티스 속으로 몰입시킨다. 해파리는 물 위에 피어난 투명한 꽃처럼 춤추고 바닷속 풍경은 시간조차 멈춘 듯 고요하다. 수족관 안에서는 형형색색의 물고기들이 유유히 유영하고 있다.

그러나 이 바다 풍경은 자연의 바다가 아니라 인간이 만든 '무대'다. 현실이 허구를 재현하고 그 허구가 다시 현실처럼 소비되는 순환 속에서 이곳에 들어오면 어디까지가 진짜이고 어디까지가 연출인지 경계조차 흐려진다.

환상의 바닷속을 뒤로하고 건물 밖으로 나오면 전설의 아틀란티스가 아니라 현실의 야자수 섬이 눈앞에 들어온다. 바닷바람에 흔들리는 야자수 잎, 그 아래로 가족을 위한 워터파크와 전용 해변. 이 호화로운 호텔과 별장들은 어떻게 이 바다 한가운데 들어섰을까?

팜주메이라는 두바이의 상상력이 빚어 낸 기념비적인 창조물이다. 팜데이라, 팜제벨알리와 함께 기획된 세 개의 팜 아일랜드 프로젝트 중 유일하게 완공된 섬이기도 하다. 이 프로젝트는 두바이 통치자 셰이크 모하메드의 결단에서 시작됐다.

아랍에미리트 토지의 85퍼센트가 아부다비 소유이고 두바이의 해변 부지는 이미 포화 상태에서 새로운 공간을 찾던 그

아틀란티스 호텔 로스트챔버 아쿠아리움의 신비로운 해저 세계

는 결국 바다를 메우기로 결심한다. 그러고는 2001년 바다 위에 야자수 모양 섬을 만들겠다고 공식 발표한다. 세상은 코웃음 쳤다. "그게 가능하다고?"

하지만 셰이크 모하메드는 고대 '우공이산(愚公移山)'의 이야기처럼 현실의 바다 위에 모래를 퍼붓기 시작했다. 올림픽 수영장 5만 개 분량의 모래, 그리고 700만 톤의 돌. 근처 사막엔 모래가 넘쳐났지만 입자가 둥글어 사용할 수 없었다. 섬을 쌓는

두바이의 꿈이 현실이 되다 - 바다 위에 땅을 쌓아 올리는 현장

데는 더 단단하고 거친 모래가 필요했다. 결국 페르시아만 바닷모래를 퍼 올려 이 야자수 섬을 쌓아 올렸다.

이 섬에 사는 사람들은 '집 앞 바다가 마당인 삶'을 누린다. 개인 전용 해변과 맞닿은 빌라는 분양 즉시 완판되었으며 순식간에 할리우드 스타들과 세계 부호들의 별장 천국이 되었다.

하지만 기적 뒤에는 어두운 그림자가 드리워져 있었다. 인공섬 조성 과정에서 해양 생태계가 심각하게 훼손된 것이다. 산호초가 무너지고 어류 서식지는 사라졌다. 방파제와 섬 구조는 기존의 해류와 바람의 방향을 바꾸어 주변 해안선과 서식지에도 영향을 끼쳤다. 환경단체들은 인간의 무자비한 개발이 자연의 질서를 훼손하고 있다고 경고했다.

인간은 풍요를 추구하는 과정에서 자연을 파괴하며 앞으로 나아갔다. 두바이의 팜주메이라 섬 역시 그 연장선에 있다.

바다를 메워 새로운 땅을 얻고 바다를 정원으로, 해변을 사유지로 바꾸어 인간의 욕망을 실현했지만 그 대가로 '생태적 질서와 공존의 기반'은 내주었다. 인공섬이 들어서면서 수천 년간 이어져 온 바다 생태계는 단절되었다. 기후 위기와 해수면 상승 문제는 개발로 얻은 성취가 오히려 인간 자신을 위협하는 모순으로 되돌아왔다.

어쨌든 오늘날 두바이는 이 인공섬을 '세계 8대 불가사의'라 자랑한다. 전설 속 아틀란티스가 허구의 바다에 잠겼다면 두바이의 아틀란티스는 현실의 바다 위에 떠 있다. 신화가 상상 속에서만 존재했던 과거와 달리 우리는 허구를 현실로 불러내는 시대를 살고 있다. 야자수 잎은 여전히 바다를 향해 뻗어 나가며 현실과 허구가 맞닿은 경계 위에서 또 다른 전설을 써 내려가고 있다.

짝퉁 시장에서 진짜를 찾다, 두바이 수크 탐험기

아랍어로 시장을 수크*Souk*라고 부른다. 발음은 '쑥' 혹은 '수크' 정도로 들린다. 이슬람 세계의 수크는 단지 물건을 사고파는 공간이 아니다. 이곳은 정보와 권력, 종교가 오가는 광장이며 사람들의 삶과 이야기가 모이는 무대다.

두바이 크리크*Dubai Creek*에 갔을 때 처음 마주한 풍경은 생경하면서도 강렬했다. 크리크를 오가는 수많은 보트, 시장 골목

전통 나룻배와 현대적 빌딩이 어우러진 두바이 크리크의 일상 풍경

을 가득 메운 상점들, 알싸한 향신료 내음, 눈부시게 번쩍이는 금빛 시장. 모든 것이 온통 활기로 넘쳐났다. 하지만 얼마 후 수크는 내게 관광 그 이상의 의미를 지닌 사람 냄새 나는 골목으로 기억되었다. 그 변화는 아주 우연히 만난 한 사람 덕분이었다. 그를 따라 짝퉁 시장을 따라 들어간 그 골목은 낯섦을 넘어 묘한 따뜻함으로 기억에 남았다.

수크는 두바이의 옛 도심, 두바이 크리크 주변에 오밀조밀 모여 있다. 대표적으로는 금을 파는 골드 수크Gold Souk, 향신료를 파는 스파이스 수크Spice Souk, 직물과 옷감을 거래하는 텍스타일 수크Textile Souk가 있다. 이 가운데 가장 인기 있는 곳은 골드 수크와 스파이스 수크다. 골목 안으로 들어서면 종로 3가 귀금속 거리처럼 온통 황금빛으로 반짝인다. 양옆으로 금은방들이 빼곡히 들어서 있고 관광객들로 북적인다.

특히 시장 입구 오른편의 강 주얼리 숍Kang Jewelry Shop에는 기네스북에 오른 초대형 금반지가 전시되어 있다. 거인의 손가락에도 헐렁할 것 같은 비현실적인 크기다. 반지 아래에는 기네스 인증서까지 걸려 있어 인증샷을 찍는 사람들로 늘 붐빈다.

석유 발견 이전 두바이는 조개를 잡고 향신료를 거래하던 작은 항구 도시였다. 그 시절의 향신료 상점들이 지금도 수크 골목 곳곳에 남아 있다. 특히 사프란처럼 귀한 약재는 여전히 고가에 거래된다. 수크엔 진한 향의 형형색색 향신료가 진열돼 있어 지나가는 이들의 발길을 붙잡는다. 그 향 속에 옛 무역로의 기억이 되살아난다.

사람들이 있는 곳엔 언제나 수크가 있었다. 예언자 무함마드도 수크에서 상업 활동을 하며 공정한 거래와 정직한 신뢰의 가치를 강조했다. 수크는 거래의 장을 넘어 사람과 사람이 어우러지는 커뮤니티 공간이었다. 아랍 도시의 심장 같은 존재였던 셈이다.

두바이 수크를 걷다 보면 이 도시가 가진 두 개의 얼굴을 깨닫게 된다. 한쪽에서는 세계 최고의 브랜드 백화점이 화려한 쇼윈도로 관광객을 유혹하고 있는가 하면 불과 몇 블록 떨어진 골목에는 복제품이 즐비한 짝퉁 시장이 즐비하다. 이는 현대적 번영과 전통적 생존이 맞닿은 아이러니한 풍경이다. 그사이에서 사람들은 진짜와 가짜, 사치와 소박한 삶 사이를 오가며 살아간다.

화려한 시장 뒤편에는 우리의 일상과 더 가까운 진짜 이야기가 숨어 있다. 놀랍게도 이 수크 지역의 '진짜 전문가'가 우리 사무실에 한 명 있었다. 바로 창던지기 운동선수 출신의 이 차장이다. 그는 주말마다 금 시장 뒤편의 짝퉁 시장을 드나들며 시계를 사 오곤 했다. 어느 날 동료가 그의 시계를 구경하다가 태엽을 감는 순간 나사가 툭 빠졌다. 그러나 그는 태연하게 다시 끼워 넣으며 말했다. "괜찮아. 다음 주에 가서 바꿔 달라고 하면 돼." 짝퉁 시장에도 나름의 'AS 시스템'이 있다는 걸 그때 처음 알았다.

그의 노련함에 자극받은 나는 짝퉁 시장을 직접 체험해 보기로 마음먹고 금요일 늦은 아침 홀로 골드 수크 입구로 향했

붉은 지붕 아래 전통과 현대가 공존하는
두바이 수크의 활기찬 거리 풍경

황금빛으로 빛나는 골드 수크의 진열장   챔피언 벨트만 한 크기의 강 주얼리 숍의 기네스 반지

다. 눈치를 살피던 내 앞에 검은 그림자 하나가 슬며시 다가왔다. 삐끼였다.

 그날 만난 삐끼의 이름은 살림*Salim*이었다. 그는 복잡한 골목을 빠른 걸음으로 누볐고 나는 길을 잃을까 봐 뒤를 바짝 따랐다. 상점들은 대부분 금 시장의 후미진 뒷골목, 건물 2층에 숨어 있었다. 마치 홍콩 영화 속에서 보는 듯한 음침한 골목 같아 살짝 무서웠지만 겉으로는 내색하지 않았다.

 점심 무렵 나는 제안했다. "같이 밥 먹으러 갈까요? 내가 살게요." 그가 안내한 곳은 인도인들이 즐겨 찾는 허름한 단골 식당이었다. 우리는 비리야니*Chicken Biryani*에 닭다리 토핑까지 얹

수크에 진열된 다양한 종류의 향신료

007 가방에 담긴 롤렉스 짝퉁 시계

어 푸짐하게 먹었다. 식사는 맛은 훌륭했고 가격도 착했다. 식사를 마치자 살림은 연신 "Thank you, Thank you."를 외치며 활짝 웃었다. 손님이 밥을 사 준 건 처음인 모양이었다.

 오후가 되자 살림은 전혀 다른 사람이 되어 있었다. 가게에 들어서면 가게 주인과 치열한 흥정을 벌였다. 오전까지만 해도 길 안내만 하고 가게에서 사라지던 모습과는 완전 딴판이었다. 비리야니 한 그릇 덕분일까. 우리는 어느새 식구(食口)가 되었다. '동료애' 비슷한 감정을 싹틔운 것이었다. 언어도 인종도 달랐지만 밥 한 끼로 이어지는 사람의 정을 낯선 땅에서 다시 한 번 실감했다.

상점에 진열된 모조품 가방과 액세서리들

살림은 인도에 아내와 어린 자녀를 두고 홀로 아랍에미리트에 와 있다고 했다. 아직 변변한 일자리를 구하지 못해 삐끼 일을 하며 생계를 이어가고 있었다. 그날 이후 사무실 직원들이 금 시장에 간다고 하면 나는 항상 '살림'을 소개해 주었다. "살림한테 연락해. 믿을 만한 친구야."

그렇게 몇 달이 지나 한국에서 직원들이 출장을 왔다. 귀국을 앞두고 짬을 내어 두바이 데이 투어에 나섰다. 한국인이 안내하는 현지 여행사를 통해 일정을 잡았다. 젊은 한국 여성 가이드는 친절하고 두바이에 대해 해박했다. 두바이 수크 일대의 볼거리를 둘러보고 나올 무렵 나는 무심코 말했다. "사실 이 근처에 짝퉁 시장도 있어요."

가이드도 모르는 곳이기에 일행의 얼굴에는 호기심이 가

득했다. 그렇게 나는 즉석에서 '특별 가이드'로 변신해 짝퉁 시장 투어를 이끌었다. 우리는 물건을 사지는 않았지만 두바이의 뒷골목 풍경을 속속들이 체험했다. 그 자체로 이색적이고 유쾌한 여행이었다. 가이드도 잠시 '본업'을 내려놓고 여행자 모드로 돌아가서 신상 핸드백을 들었다 놨다 한참을 망설였다.

'짝퉁 투어'는 여느 쇼핑과도 비교할 수 없을 만큼 특별했고 두바이 여행에서 가장 유쾌하고 기억에 남는 장면이었다. 이 도시는 세계적인 명품과 값싼 모조품이 공존하는 곳이다. 어쩌면 바로 그 모순이 두바이의 진짜 얼굴인지도 모른다. 화려한 번영의 이면에는 여전히 전통과 생존이 버티고 있고 바로 그 틈새에서 인간적인 온기가 느껴졌다. 세계 최고 백화점과 7성급 호텔의 화려함은 찬란했지만 일상과는 거리가 먼 꿈의 무대였다. 반면 짝퉁 시장은 가난과 욕망, 흥정과 웃음이 뒤엉킨 날것 그대로의 삶터였다. 나에게 진짜 명품의 추억을 남겨 준 건 동료들과 함께 웃고 즐겼던 바로 그 짝퉁 골목이었다.

도우 크루즈 투어, 두바이 마리나의 밤을 걷다

▽

아랍에미리트에 근무하던 시절, 아내와 장인, 장모님을 초청했다. 이곳의 개성과 매력을 느낄 수 있도록 일정을 짰는데 그중 하나가 도우 크루즈*Dhow Cruise*였다.

도우*Dhow*는 기원전부터 아랍과 인도양 일대를 누비던 전통 목선이다. 고대 아라비아인들은 이 배에 진주를 싣고 인도로 건너가 향신료와 직물로 교역했고 아프리카에서는 상아와 교역하기도 했다. 근대에 증기선이 등장하면서 도우는 한동안 바다에서 자취를 감췄지만 오늘날에는 관광객을 태우고 야경을 즐기는 크루즈선으로 부활했다.

입장권은 모바일 쿠폰으로 예약했다. 중동에서는 그루폰 Groupon 같은 앱을 통해 사막 사파리부터 파인다이닝까지 손쉽게 예약할 수 있다. 크루즈 출발은 오후 일곱 시. 우리는 당일 투어를 일찌감치 마치고 두바이 마리나 항구로 향했다.

두바이 마리나는 고급 아파트먼트와 개성 있는 빌딩들이 하늘을 찌르듯 늘어서 있고 해변을 따라 유명한 레스토랑이 즐비한 인공 운하 도시다. 선착장은 요트와 크루즈선, 그리고 몰려든 관광객들로 발 디딜 틈 없이 붐볐다. 우리는 예약한 배를 찾아갔으나 승선 명단 어디에도 우리의 이름이 보이지 않았다. 예약 과정에서 뭔가 꼬인 모양이다. 한바탕 소동이 있었지만 다행히 곧 여행은 시작되었다.

야간 크루즈는 두 시간 남짓 이어졌다. 마리나를 출발해 바다로 한 시간가량 나아갔다가 해안선을 따라 돌아오며 두바이의 화려한 야간 스카이라인을 감상하는 코스였다.

크루즈선은 바다 위에 별처럼 흩어져 마리나 주변을 수놓듯 밝혔고 관광객들은 서로 손을 흔들며 환한 미소를 주고받았다. 어둠이 내려앉자 두바이의 야경은 살아 숨 쉬듯 용광로 같은 불빛을 뿜어냈다. 빌딩 숲에서 쏟아져 나온 화려한 조명은

화려한 두바이 마리나 야경과 도우 크루즈

잔잔한 바다 위에 또 하나의 쌍둥이 도시를 띄워 놓았다.

하지만 이 화려한 도시의 심장 이면에는 또 다른 리듬의 심장이 숨 쉬고 있다. 겉으로만 보면 두바이는 초고층 빌딩과 스카이라인의 현대 도시지만 그 일상 속에는 여전히 이슬람의 세계관과 가치관이 깊이 스며 있다. 하루 다섯 번 울려 퍼지는 아잔, 라마단 기간의 금식, 그리고 할랄까지. 네온 빛 아래서도 고대의 맥박은 끊임없이 뛰고 있다.

그렇다면 이 도시를 움직이는 진짜 힘은 어디에서 비롯되는 것일까? 그 뿌리를 더듬어 올라가면 무함마드가 메카에서 계시를 받고 움마*Ummah*를 세우던 순간으로 이어진다. 무함마드는 610년 메카에서 코란의 계시를 받고 선지자로 활동했다. 하지만 기득권 세력은 무함마드의 평화와 평등 정신이 탐탁지 않았다. 결국 그는 박해를 피해 622년 인근 도시인 메디나로 대이주_Hijra_(히즈라)하고 이곳에서 율법을 바탕으로 한 공동체인 움마를 세웠다. 이 움마 정신은 오늘날까지도 사회와 도시를 지탱하는 보이지 않는 힘으로 작용한다. 비록 형태는 달라졌지만 이 정신은 이슬람 사회의 정치·문화적 기반에 깊이 깔려 있다.

    이슬람의 전통 정신은 종교 의례를 넘어 경제와 일상의 질서로 작동한다. 이슬람 은행들은 샤리아(이슬람 율법)에 따라 이자를 금지하고 대신 투자 수익을 공유한다. '허용된 것'을 뜻하는 할랄_halal_은 음식뿐 아니라 의약품·화장품까지 폭넓게 적용된다. 글로벌 브랜드인 맥도날드나 스타벅스도 할랄 인증 제품만 사용한다. 라마단 기간이 되면 공공기관과 상점, 학교까지 모두 금식의 리듬에 맞춰 운영된다. 겉모습은 현대적이지만 그 속에는 여전히 고대의 질서와 가치가 흐르고 있다.

    크루즈 선상은 어느새 디너 뷔페 식당으로 변해 있었다. 호텔 뷔페만큼 근사하진 않았지만 바다 위에서 즐기는 저녁 식사라는 사실만으로도 충분히 낭만적이었다. 식사가 끝나자 아랍 전통의 탄누라_Tanoura_ 댄스 공연이 시작되었다. 음악에 맞춰 야광 치마가 빙글빙글 돌 때마다 밤하늘 위로 무지갯빛 소용돌이가 환하게 피어올랐다. 그 장면에 두바이가 거대한 탄누라 같다는 생각이 들었다. 화려함과 전통, 욕망과 윤리가 함께 회전하며 빙글빙글 도는 찬란한 무지개 같았다.

    생수병에 담아온 소주를 조심스레 물컵에 따랐다. 장인어

밤하늘 아래 화려한 빛의 원, 탄누라 공연

른과 나는 주위를 살피며 살짝 잔을 부딪쳤다. 잔에는 반짝이는 마리나의 물결 사이로 고대의 기억과 현대의 불빛이 겹쳐 일렁였다. 그리고 그 순간, 화려한 불빛 너머로 선지자의 은은한 미소가 보이는 듯했다.

이슬람 문화

이슬람교 창시자 '예언자 무함마드'

　이슬람 초기의 역사는 곧 예언자 무함마드의 역사라고 할 수 있다. 그의 삶 자체가 곧 이슬람의 시작이자 완성이었기 때문이다.

　이슬람의 역사는 이슬람교 탄생 이전과 이후로 나뉜다. 그 이전 시대를 자힐리야Jahiliya, 곧 '무지의 시대'라 부른다. 대략 이슬람 출현 150년 전부터 이어진 이 시기에 아라비아반도는 부족주의가 팽배하여 끊임없는 전투에 휩싸였다. 우상숭배와 다신교, 유대교와 기독교가 공존했지만 질서는 부재했고 가부장적 사회 속에서 여성의 지위는 노동이나 전투에 도움이 되지 않는 여아를 살해하는 일조차 범죄로 여겨지지 않을 만큼 보잘것없었다. 암흑과도 같던 이 시대에 마침내 이슬람이라는 새벽 빛이 떠올랐다.

　무함마드는 기원후 570년, 오늘날 사우디아라비아 메카에서 지배 부족 중 하나인 하심 가문에서 태어났다. 무함마드가 태어나기 전에 아버지인 압둘라는 낙타로 물건을 실어 나르는 대상Caravan으로 떠난 길에서 사망했다.

　유복자로 태어난 무함마드는 유모의 손에서 자라다 여섯 살에 어머니마저 여의게 된다. 이후 할아버지 손에서 자라다가 할아버지 사후 삼촌 집에서 더부살이를 한다. 청년이 된 무함마드는 대상을 따라 시리아와 예멘을 오가며 장사를 했고 신뢰와 정직으로 이름을 떨쳤다.

　그러던 중 당시 메카의 큰 상인이자 미망인이었던 카디자와 일을 같이 하게 되면서 사랑에 빠졌고 스물다섯의 나이가 되었을 때 마흔 살의 카디자와 결혼한다. 후에 그녀는 이슬람의 첫 신자로 초기 이슬람 공동체 형성에 지대한 공헌을 한 인물로 기록된다.

아버지를 본 적 없던 무함마드. 그러나 아버지 압둘라에 얽힌 흥미로운 민간 설화가 전해진다. 압둘라가 무함마드의 어머니와 결혼하러 가던 길에 한 여자가 동침을 요구했다. 그러나 압둘라는 이를 뿌리쳤다. 그런데 결혼을 하고 돌아가는 길에 또다시 이 여자와 마주쳤다. 그런데 이번에는 압둘라에게 아무런 관심조차 보이지 않았다. 이유를 묻자 그녀가 이렇게 말했다. "며칠 전 당신 안에는 위대한 인물이 깃들어 있었죠. 하지만 지금은 아니에요." 이 전승은 무함마드가 태어나기도 전부터 이미 특별한 존재로 여겨졌음을 보여 준다.

결혼 후 무함마드는 명상과 기도의 생활을 이어갔으며 메카 인근 히라 동굴에서 영적 체험을 하게 된다. 명상 중 대천사 가브리엘이 나타나 "읽어라(이끄라)."라는 알라의 첫 계시를 전했다.

카바 신전 앞에서 기도 중인 무함마드

이 계시는 훗날 《코란》의 첫 구절로 기록되어 문자 그대로 '읽는 종교' 이슬람의 시작을 알렸다. 무함마드는 알라의 진리를 전하고 가르쳐야 할 사명을 확신하고 주변의 친척과 친구들에게 이슬람을 전파했다.

점차 무함마드의 추종자가 늘어나자 기존의 지배층은 무함마드를 위협적인 존재로 인식해 박해했다. 이에 615년 무함마드는 일부 추종자를 기독교 국가인 에티오피아로 피신하도록 하고 에티오피아는 이를 지원했다. 이 때문에 이슬람과 기독교는 초기부터 우호적인 접점을 가져왔다.

메카 대모스크와 카바를 향해 모여든 순례자들

　메카 지배층의 박해를 받던 무함마드는 '야쓰립'이라 불리던 메디나(사우디 아라비아 하자즈 지역)로 622년에 교도들을 데리고 대규모로 이주했다. 메디나에 도착한 무함마드는 낙타가 멈춘 자리에 집을 지었다. 이 집은 이슬람 최초의 모스크(현재의 예언자 모스크)가 되었으며 이슬람 2대 성지가 된다. 2016년, 극단주의 조직 IS가 분위기 파악 못하고 이곳 주차장에서 테러를 시도했다가 이슬람에서도 버림받고 전 인류의 적이 되었다.

　무함마드는 메카에서 이주한 사람들과 메디나 원주민들을 통합하여 이슬람 공동체를 만들었다. 최초의 이슬람 국가가 탄생한 것이다. 이슬람은 태초부터 우상숭배를 단호히 끊어 냈다. 자녀들이 아이돌 가수의 브로마이드를 걸어 두는 것도 금지한다고 하니 하람(금지)의 범주는 오늘날에도 상당히 엄격하게 지켜지고 있다고 볼 수 있겠다.

모스크에 가면 화려한 꽃문양으로 장식되어 있고 아랍 글씨 같은 캘리그라피가 걸린 것이 전부이다. 드물게 남아 있는 그림마저도 무함마드의 얼굴은 천으로 가려져 있다.

630년 메카로 무혈 입성한 무함마드는 카바 신전에 있는 수많은 우상을 모두 부숴 버렸다. 무함마드는 카바 신전에서 다신교의 시대는 끝났다고 선언한 뒤 다시 메카를 떠났다. 그리고 2년 뒤 마지막 메카 순례를 마친 그는 예언자로서의 사명을 다하고 사랑하는 아내 아이샤_Aisha_(무함마드의 세 번째 부인)의 곁에서 조용히 눈을 감았다. 그의 생은 끝났지만 그의 사상은 사막을 넘어 세상을 비추는 별이 되었다.

무함마드는 아라비아반도에 유일신 신앙과 평등 사상을 전파함으로써 아랍 땅을 이슬람 문명의 요람으로 바꾸어 놓았다. 무함마드는 인류 역사상 가장 큰 영향력을 끼친 인물 중의 한 명으로 평가된다. 가장 마지막에 등장했지만 가장 빠르게 전 세계로 퍼져 나간 종교 이슬람. 그 시작은 바로 무함마드였다. 그가 남긴 신앙과 사상은 이후 천년 이상 인류의 정신사를 바꾸는 거대한 물결이 되었다.

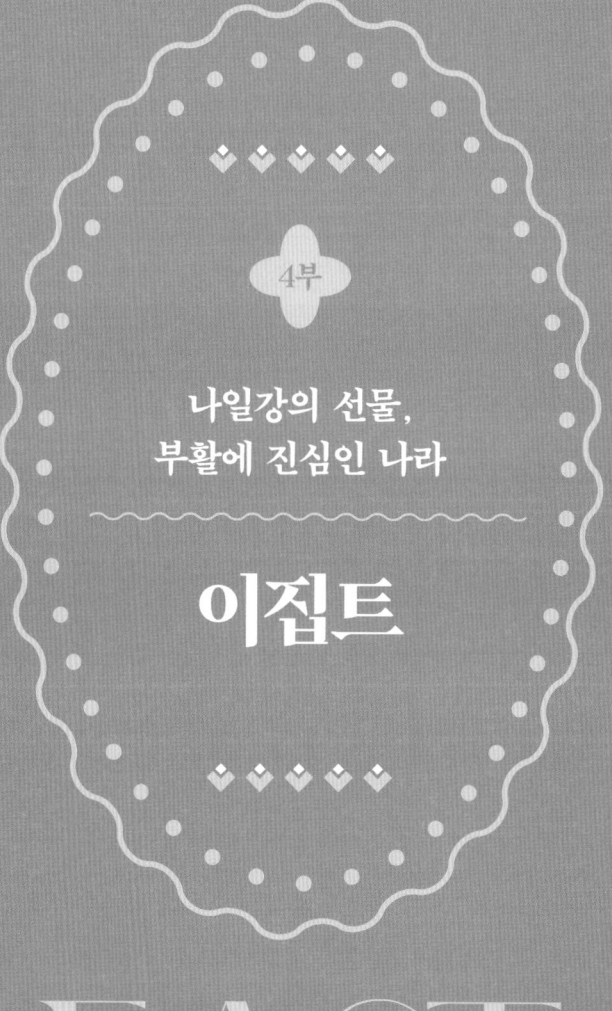

4부

나일강의 선물, 부활에 진심인 나라

이집트

Cairo

카이로

기원전 3000년에 시작된 이집트 문명

카이로, 혼돈 속으로

◇

세계 7대 불가사의 중 하나인 '피라미드'는 버킷리스트 중 하나였다. 두바이에서 카이로까지 다섯 시간이면 갈 수 있으니 이곳에 근무하는 동안이 최적의 타이밍이었다. 직항은 가격이 만만치 않아 최저가 항공권 검색 앱인 스카이스캐너를 통해 검색해서 갈 때는 이스탄불을, 올 때는 암만을 경유하는 티켓을 골랐다.

이집트 입국에는 비자가 필요했지만 공항에서 간편하게 바로 구매할 수 있었다. 공항 밖으로 나서는 순간 사방에서 울리는 클랙슨 소리와 무질서하게 뒤엉킨 차들까지 온통 혼돈의 세계였다. 뜨겁게 달아오른 공기가 '아, 이곳은 아프리카구나!'

라는 사실을 실감 나게 했다. 처음엔 좀 긴장되었지만 신화가 숨 쉬는 고대의 관문에 들어왔다고 생각하니 설렘으로 가슴이 두근거렸다.

저녁 아홉 시쯤 공항에 도착해서 시내버스를 타고 숙소를 향했다. 버스는 어렸을 때 시골길을 덜컹거리며 달리던 완행버스를 떠올리게 했다. 숙소에 도착하니 민박 사장님은 길을 헤맬 거라 생각했는지 예상보다 빨리 왔다고 놀라는 눈치다. 사장님과는 구면 같은 초면이었다. 아랍에미리트에서 이집트로 출발하기 전 일정을 짜며 랜선으로 친해진 덕이다. 내가 휴가 일정과 관심사를 이메일로 알려 주면 이집트 전문가인 사장님이 내 취향에 맞도록 일정을 추천해 주었다. 이메일을 몇 번 주고받다 보니 나만의 '맞춤형' 여행 일정이 완성되었다.

카이로 여행자들에게 한인 민박은 단순한 숙소를 넘어 '아지트' 같은 곳이다. 처음 만난 여행자들과도 마음을 나누고 낯선 땅에서도 정겨운 온기를 느낄 수 있는 베이스캠프였다.

나일강과 이집트 문명

이집트 문명은 기원전 3000년경에 시작되어 무려 3천 년 동안 지속되었다. 고대 그리스의 역사가 헤로도토스가 "이집트는 나일강의 선물이다."라고 말했지만 사실 나일강은 '선물'이라는 말로는 다 담을 수 없다. 나일강 없이는 이집트를 이야기

고대 이집트 문명의 중심, 나일강 유역 지도

할 수 없을 정도이기 때문이다. 국토의 95퍼센트가 사막인 이 땅에 문명이 탄생할 수 있었던 유일한 이유는 바로 나일강, 그것도 나일강의 '홍수'에 있었다.

일반적인 곳에서 홍수는 재앙이지만 이집트에서는 축복이었다. 매년 8월 에티오피아 고원의 우기로 나일강이 범람하면 아프리카 내륙에서 온 기름진 흙이 강 주변에 쌓였다. 덕분에 나일강 주변은 매년 풍년이 들었다. 당시의 무덤 벽화를 보면 농민은 풍성하게 자란 곡식을 수확하고 있고 나무에는 과일이 주렁주렁 열려 있다. 이런 일이 매년 반복되면서 사람들은 홍수를 기다렸다.

이런 환경 속에서 이집트인들은 독특한 세계관을 구축했다. 불모의 황무지와 생명의 녹지로 극명하게 나뉘는 이집트의 풍경은 그들에게 '삶과 죽음'이라는 두 개의 세계관을 심어 주었는데 그것은 죽음과 부활, 끝과 시작은 서로 떨어져 있는 것이 아니라 한 줄기 흐름처럼 이어져 있다는 믿음이었다.

(위) 고대 이집트인들은 나일강의 범람에 의존하여 농경 생활을 하며 풍성한 수확을 거두었다. 남자는 밭을 갈고 여자는 씨를 뿌리고 있다.
(아래) 이집트 벽화에는 고대 농업 활동의 모습이 생생하게 표현되어 있다.

 이집트 문명의 정체성은 바로 이 믿음에 있다. 그들은 나일강이 매년 범람하여 땅에 새로운 생명을 불어넣듯 죽음 또한 새로운 생명을 품는 과정이라 여기며 인간의 생명도 끝없이 계속 이어질 것이라 믿었다. 이집트인들에게 죽음은 단절이 아니라 끝없이 이어지는 순환의 강물 속에서 맞이하는 또 다른 시작이었다.

기자의 피라미드, 영생을 위한 꿈

◈

　첫날 일정은 기자 피라미드, 스핑크스, 그리고 카이로 국립박물관 탐방이었다. 기사 겸 가이드가 숙소 앞으로 픽업을 왔다. 기자는 카이로에서 승용차로 약 30~40분 거리에 있었다. 피라미드 주변은 매우 혼잡했다. 관광객을 태우려는 봉고차와 버스가 뒤엉켜 있었고 차에서 내리자마자 말 장수와 상인들이 기다렸다는 듯이 몰려들었다. 상품의 가격도 제각각이고 시세를 모르니 흥정이 쉽지 않았다. 바가지를 피하려면 개별 가이드 관광을 하거나 우버를 이용하는 것이 그나마 더 나을 듯했다.

　기자 피라미드 지역은 고대 이집트의 왕릉 지구로 기자 네크로폴리스_{Necropolis}, 즉 '죽은 사람들의 도시'로 불린다. 피라미드는 파라오의 영생을 기원하며 사막 한가운데 쌓아 올린 거대한 묘역이다. TV에서 보았던 대로 기자에는 거대한 피라미드 세 개가 사막 위에 당당하게 서 있다. 작은 피라미드도 몇 개 더 흩어져 있었지만 단연 시선을 끄는 건 이 세 개의 거대 구조물이었다. 차가 기자에 가까워지자 건물 사이로 피라미드의 윤곽이 하나둘 모습을 드러냈다. 희미하게 솟은 거대한 형체가 어느새 시야 전체를 가득 메우며 거대한 실루엣을 드러냈다.

　이 세 개의 피라미드는 3대 가족의 무덤이다. 왼쪽부터 할아버지인 쿠푸, 아버지인 카프레, 아들인 멘카우레의 것이다. 이 세 왕이 통치한 고왕국 시대를 '대 피라미드의 시대'라고 부르기도 한다.

기자의 세 피라미드와 뒤로 보이는 카이로 전경

고왕국 시대에는 피라미드에, 신왕국 시대에는 깊은 계곡에 무덤을 만들었다. 제일 큰 쿠푸 왕의 피라미드는 기원전 2530년에 세워졌다. 200년 후인 기원전 2333년 한반도에서는 단군 왕검의 고조선이 세워진다. 까마득한 옛날이다.

가까이서 본 피라미드는 말문이 막히는 규모였다. 사진과 영상으로는 많이 접해 봤지만 실물에 가까이 갈수록 입이 다물어지지 않았다. 앞에서 직접 보니 어른 키만 한 돌덩이가 거대한 산처럼 쌓여 있다. 꼭대기를 보려면 머리를 뒤로 한참 젖혀야 했다. 쿠푸 피라미드는 146미터, 무려 40층 건물과 맞먹는 높이다. 사막 한가운데에 우뚝 솟아 경사면을 이루며 하늘을 찌른다. 가까이 다가갈수록 그 위압감은 점점 더 커졌다.

저절로 피라미드 꼭대기로 눈길이 간다. 카프레 피라미드 꼭대기에는 아직도 당시의 대리석 마감이 조금 남아 있다. 당시에는 전체가 매끈한 대리석으로 덮여 있어 햇빛을 받으면 표면이 번쩍번쩍 빛났다고 한다. 그 모습을 그려 보니 왜 고대인들

(위) 휴대폰 삼매경과 피라미드 앞 기념품 숍 오픈
(아래) 쿠푸 왕 피라미드의 거대한 석재 단면, 꼭대기에는 매끈한 석회암 마감재가 아직 남아 있다.

이 이를 '세기의 불가사의'라 부르는지 심지어 '외계인이 만들었다'고 하는지 알 것도 같았다.

그들은 왜 이런 거대한 무덤을 만들었을까? 파라오의 권력을 과시하기 위한 수단이었다고 설명하기에는 뭔가 부족하다. 피라미드는 무덤 이상의 의미를 지닌 죽음을 넘어선 삶에 대한 고대인의 믿음과 세계관을 응축한 상징이었다. 죽음은 끝이 아니라 영원의 시작이라는 확고한 믿음, 그리고 파라오의 존재가 곧 신과 이어지는 다리라는 확신이 있었기에 가능한 일이었다.

또 하나 현실적인 이유도 있었다. 영화 속 장면처럼 노예가 채찍을 맞아가며 피라미드를 건축했다고 생각하지만 실제는 달랐다. 나일강이 범람하여 농사를 지을 수 없는 여름철, 정부에서는 거대한 건축 프로젝트를 발주했고 이를 통해 농민들은 일자리를 얻었다. 이는 장례 건축에 머무는 것이 아니라 국가 경제와 주민 복지를 위한 국가 사업이기도 했다.

피라미드 입구는 물론 내부에도 잡상인들이 판을 쳤다. 낙타 몰이꾼이 하도 따라붙길래 못 이기는 척하고 탔다. 마침 현지인 가이드가 요금을 흥정해 준 덕에 별 재미를 못 본 듯했지만 몰이꾼은 그래도 매상을 올려 기분이 좋았는지 사진도 찍어 주고 묻지도 않은 설명까지 쏟아 냈다.

멘카우레 피라미드는 관람료를 내면 내부를 볼 수 있지만 가이드가 "안은 그냥 텅 빈 방이에요."라며 웃어 보이기에 별 고민 없이 그냥 지나쳤다.

그런데 이상하게 여행이 끝난 뒤에도 그 순간이 자꾸 떠올랐다. '그 안은 어떻게 생겼을까? 왜 들어가 보지 않았을까?' 하는 후회가 오래도록 남았다. 그때부터 나는 여행에서는 '무조건 체험'이라는 원칙을 세웠다. 세상은 멀찍이 바라보는 이에게는 침묵하지만 가까이 다가가 들여다보는 이에게는 대화를 걸어오기 마련이다.

태양신과 함께 떠나는 길

내 눈길을 끈 또 하나의 유물은 태양의 배 *Solar Boat* 였다. 고대 이집트인들의 태양신 라 *Ra* 숭배 사상과 관련이 있는 유물이다. 피라미드 뒤편 별도의 건물에 전시되어 있었다. 입구로 들어가자 거대한 배가 홀연히 나타났다.

태양의 배는 쿠푸 왕 피라미드 남쪽 기슭 땅속에, 무덤에 넣기 위해 분해된 채 수천 년 동안 묻혀 있었다. 배는 귀한 레바논 백향목으로 만들어졌다. 배의 연결부는 쇠못 하나 쓰지 않고 나무에 구멍을 뚫어 끈으로 묶는 방식으로 조립되었다. 놀라운 것은 지금이라도 물 위에 띄울 수 있을 만큼 보존 상태가 완벽하다는 점이었다.

이 배는 파라오가 태양신과 함께 배를 타고 사후 세계로 여행하기 위한 용도로 만들어졌다. 전시관 2층으로 올라가서 내려다보니 허공에 떠 있는 배는 당장이라도 하늘을 가르며 날아오를 것 같았다.

쿠푸 피라미드와 함께 남겨진 장례용 태양의 배

고대 이집트인들에게 죽음은 끝이 아니라 새로운 여정이었다. 이집트인들의 사후에 대한 굳은 믿음은 그들이 삶 속에서 철저하게 준비하고 실천했던 신념이었다. 영혼이 타고 갈 배까지 미리 무덤 옆에 준비해 둔 철저함에서 사후 세계를 향한 그들의 신념이 얼마나 구체적이고 진심이었는지 절감할 수 있었다.

태양의 배는 사후 세계를 항해하는 영혼의 다리였다. 고대 이집트인들은 파라오가 태양신 라 와 함께 두아트$_{Duat}$라 불리는 사후의 강을 건넌다고 믿었다. 태양이 매일 지고 다시 떠오르듯 인간의 삶 또한 죽음 너머에서 다시 이어진다고 여겼다.

관람을 마친 후 피라미드가 한눈에 들어오는 식당 2층 창가에 앉았다. 구수한 양갈비의 향이 퍼졌지만 여전히 전시관의 배가 어른거렸다. 그날 본 '태양의 배'는 결국 나의 여정이기도 했다. 눈앞엔 고요한 피라미드, 마음속엔 항해를 시작한 또 하나의 배. 나는 지금 여기 있지만 마음은 사막과 시간의 바다를 항해 중이었다. 피라미드 여행은 끝났지만 내 안의 여행은 이제 막 시작되었다.

투탕카멘의 황금 마스크와 의자

오후에는 타흐리르 광장 옆에 있는 국립박물관을 찾았다. 수많은 나라에서 이집트의 유물을 약탈해 갔지만 이 땅은 여전히 3천 년의 세월을 품은 유물의 화수분이었다. 1층 전시실엔 주로 파라오들의 석상과 석관들이 위엄 있게 자리하고 있었다.

로비 한가운데서 책에서만 보았던 카프레 파라오 *Khafre Pharaoh*를 마주했다. 매의 형상을 한 호루스 신이 파라오의 머리 뒤에서 날개를 펼쳐 보호하는 형상의 단단하고 위엄 있는 석상이었다. 화강암보다 단단한 화성암으로 조각되었고 청회색의 표면에는 신비로운 광택이 감돌았다. 4,500년 전 유물이 눈앞에 있다는 사실만으로도 온몸에 소름이 돋았다.

그 옆에는 멘카우레 왕과 하토르 여신_Triad of King Menkaure_의 조각상이 나란히 당당하게 한 발 앞으로 내디딘 모습으로 서 있었다. 하토르 여신이 정의롭고 자비로웠던 멘카우레 왕을 아들처럼 보호하고 있는 조각이다. 실제 눈앞에서 보고 있음에도 그 매끄러운 질감은 도저히 돌이라 믿기 어려웠다. 자세히 보면 파라오 멘카우레와 사랑의 신 하토르가 손을 잡고 있는 듯한 섬세한 제스처가 눈에 들어온다. 신과의 관계를 상징적으로 표현한 정교한 조각이었다. 그 앞에서 나는 한동안 발걸음을 떼지 못했다. 고대의 숨결이 감도는 그 공간에서 나는 잠시 시간 여행자가 되었다.

2층으로 올라가려는 순간 박물관 직원이 내 사진기를 가리키며 말했다. "사진 촬영은 별도 요금이 필요합니다." 나는 잠시 고민하다가 이번만큼은 유물 감상에 온전히 집중하자며 카메라를 가방에 넣었다.

그런데 막상 2층에 올라오자 나도 모르게 셔터를 누르고 있었다. 파라오의 보물창고에 들어온 듯했기 때문이다. 투탕카멘 황금 마스크가 있는 방은 촬영이 금지되어 있었지만 다른 전시실은 제지하는 이가 없었다. 고의는 아니었지만 살짝 미안한 마음이 들었다.

2층 전시실은 단연 투탕카멘의 독무대였다. 고작 아홉 살에 왕위에 오른 그는 비운의 소년 파라오였다. 그의 아버지 아멘호테프 4세는 제사장 세력을 견제하기 위해 다신교를 폐지하고 태양신 아텐_Aten_만을 숭배하는 유일신 신앙을 강제로 도입했

카이로 박물관. 매끄럽게 다듬어진 멘카우레와 여신들, 왕권과 신권의 조화를 상징하는 고왕국 시대의 조각품

다. 그러나 급진적 개혁은 실패로 돌아갔고 결국 쿠데타가 일어났다. 투탕카멘은 명목상으로만 왕좌에 올랐으며 실권은 제사장들의 손에 넘어갔다. 그는 불과 열여덟의 나이에 의문 속에 세상을 떠났다.

생전에는 이름 없는 소년에 불과했지만 죽은 뒤 그는 도굴을 피한 유일한 파라오로 이집트 역사상 가장 빛나는 이름으로 부활했다. 그건 우연에 불과했을까, 아니면 소년 왕을 기억하려는 역사의 마지막 배려였을까.

도굴꾼들의 손길이 닿지 못한 유일한 파라오 투탕카멘의 무덤, 그 안에는 수천 년을 견뎌 낸 황금의 시간이 고스란히 담겨 있었다. 그중 파라오의 위엄이 응축된 걸작은 바로 '황금 마스크'였다. 기원전 1300년 한반도가 막 청동기 시대로 접어들 무렵, 이집트에서는 무려 11킬로그램의 황금으로 파라오의 얼굴을 빚었다. 머리에 장식된 코브라와 독수리는 각각 상·하 이집트를 상징하며 파라오를 수호하는 상징물이다. 우아하게 조각된 이목구비와 왕관을 감싼 푸른 띠에는 고대의 정교함과 아름다움이 고스란히 담겨 있었다. 현대에 만들었다고 해도 믿을 만큼 섬세하고 정교한 작품이었다.

턱 아래에는 '턱수염 주머니'라 불리는 손잡이 모양의 장식이 달려 있다. 고대 이집트에서 파라오는 수염 주머니를 턱에 붙여 왕의 품격을 유지했다. 당시에는 오직 왕족만이 수염을 기를 수 있었고 하트셉수트 여왕의 석상조차 수염 주머니를 달고 있다. 왕의 수염 주머니는 성별을 초월한 권위의 상징이었다.

투탕카멘의 황금 마스크, 카이로 박물관

눈길을 사로잡은 또 하나의 유물은 황금빛 의자였다. 말없이 풍기는 아우라에 발걸음이 절로 멈췄다. 금으로 뒤덮인 이 의자에는 왕의 권위가 예술로 승화되어 있었다. 팔걸이에는 날개를 활짝 편 독수리, 앞쪽에는 갈기를 세운 수사자가, 옆과 뒤에는 코브라가 왕좌를 감싸듯 조각되어 있었다. 심지어 의자 다리마저 사자 발

영원한 부부의 정을 상징하는 황금 의자, 카이로 박물관

모양으로 정교하게 만들어져 있는 걸 보면 세부 하나하나에 깃든 장인 정신을 엿볼 수 있다. 등받이에는 그의 아내가 투탕카멘에게 향유를 발라 주는 애정 어린 장면이 부조로 새겨졌고 그 위로는 태양신 아텐의 햇살이 내려와 두 사람을 부드럽게 감싸고 있었다. 짧은 생을 마감한 비운의 소년 왕을 생각하니 행복한 순간을 담은 이 장면이 더없이 애잔하게 다가왔다.

이보다 아름답고도 슬픈 의자를 다시 볼 수 있을까. 짧은 생을 살다 간 왕은 사라지고 없지만 그의 의자는 여전히 빛나고 있다. 그것은 시간을 건너 오늘에 이른, 소년 왕의 또 하나의 이름이었다.

Luxor

룩소르

이집트의 경주라 불리는 곳

카이로에서 국내선을 타고 한 시간 남짓 걸려 룩소르에 도착했다. 룩소르는 이집트 남부 동쪽에 있는 도시로 고대에는 테베*Thebes*라는 이름으로 불렸다.

카이로의 어지러운 소음과 분주한 거리를 떠나 룩소르에 도착하니 갑자기 시간이 느리게 흐르는 듯했다. 공항에서 숙소로 향하는 도로는 한산했다. 건물 아래에서 솟구치는 황금 빛 조명은 신전을 비추며 마치 고대 도시로 들어가는 장막처럼 빛나고 있었다. 비수기라 그런지 숙소는 적막했다. 손님은 내가 유일했다. 카운터 한쪽 자율 계산함에 현금을 넣고 무인 냉장고에서 스텔라 한 병을 꺼냈다. 차가운 맥주 한 모금이 목을 타고 내려가자 긴장이 풀리며 비로소 룩소르에 도착했다는 실감이 났다.

이집트는 지리적으로는 나일강을 따라 상이집트, 중이집트, 하이집트로 나뉜다. 하이집트는 지중해와 접한 북쪽 지역으로 카이로, 알렉산드리아 같은 대도시가 자리하고 있다. 내륙으로 깊숙히 내려가면 상이집트의 심장이 모습을 드러낸다. 경주의 천년 고도가 찬란한 신라 문화를 꽃피웠듯 룩소르는 신과 왕이 공존하는 성스러운 도시였다.

고대 이집트는 고왕국, 중왕국, 신왕국으로 구분된다. 고왕국은 거대한 피라미드의 시대였고 신왕국은 람세스 2세 같은 강력한 파라오가 통치하던 이집트 역사상 가장 번성했던 시기였다. 오늘날 룩소르에서 만나는 대부분의 유적도 이 신왕국의 유산이다.

룩소르에서는 나일강을 기준으로 동쪽과 서쪽이 서로 다른 세계로 나뉜다. 동안(동쪽)은 '산 자들의 땅'으로 불리며 카르나크 신전, 룩소르 신전이 위용을 뽐낸다. 반면 서안(서쪽)은 죽은 자들의 땅으로 왕가의 계곡과 하트셉수트의 장제전이 위치한다. 도시 전체가 하나의 거대한 야외 박물관인 셈이다.

세계 최대 규모의 카르나크 신전

왕릉에 둘러싸인 숙소에서 첫 밤을 보내고 다음 날 아침, 거대한 유적 도시를 조금이라도 더 눈에 담기 위해 서둘러 길을 나섰다. 숙소에서 가까운 곳에 자리한 카르나크 신전은 고대 이집트 최대 규모의 신전이자 이집트 왕국의 전성기를 고스란히 보여 주는 유석이다. 중왕국 시기부터 신왕국에 이르기까지 약 2천 년에 걸쳐 수십 명의 파라오들이 증축을 거듭하며 저마다 자신의 흔적을 남겼다. 신전 안에는 태양의 신 아문 Amun을 비롯해 전쟁의 신 몬트 Montu 등 다양한 신들을 모신 신전과 파라오를 위한 사원이 공존하고 있다.

입구에는 숫양 머리를 한 스핑크스들이 국군의 날 도열한 군인들처럼 질서 정연하게 늘어서 있다. 아문 신의 화신으로 여겨졌던 이들은 신성한 공간을 지키는 수호자였다. 발걸음을 한 발 한 발 옮길수록 마음마저 반듯해지는 기분이 들었다.

카르나크 신전의 백미는 제2탑문을 지나 마주하는 '열주의 숲 Hypostyle Hall'이었다. 피라미드를 처음 마주했을 때처럼 감탄이 절로 터져 나왔다. 압도적인 규모에 놀라고 기둥에 새겨진 파피루스 문양의 정교함에 다시 한 번 숨이 멎는 듯했다. 총 134개의 거대한 기둥이 하늘을 떠받치듯 솟아 있는 이 대형 홀은 고대인들에게는 신의 영역으로 향하는 신성한 통로였다. 중앙의 기둥은 무려 24미터, 아파트 7층 높이에 해당한다. 그 사이를 걷다 보면 돌로 빚은 숲속을 거니는 듯한 환상에 잠긴다.

이 공간은 천상의 돔을 떠받치고 종교적 의식을 상징하는 성소였다. 기둥에는 파라오가 신에게 공물을 바치는 장면, 람세스 2세가 적을 정복하는 장면이 부조로 새겨져 있다.

수천 년 전의 조형 감각과 건축 기술은 지금의 눈으로 봐도 여전히 경이롭다. 과연 그들은 어떤 신념과 신앙으로 이 거

카르나크 신전 입구를 지키고 있는 양 머리 스핑크스의 행렬

신들의 이야기가 새겨진 거대한 카르나크 신전 열주전

대한 신전을 '하늘처럼' 올려세웠을까. 돌 하나 기둥 하나를 마주할 때마다 마음속에서 깊은 경외감이 밀려왔다.

삶이란 결국 내 안에 작은 기둥을 하나 세워 가는 일이다. 신을 위해 지은 성소가 세월 속에서 인간의 신앙으로 남았듯 우리 안에 세운 기둥들도 언젠가 마음을 지탱하는 안식처가 될 것이다. 어쩌면 그것이 수천 년의 시간을 견뎌 온 신전이 오늘 우리에게 전하려는 말이 아닐까.

왕가의 계곡, 세티 1세의 무덤

오후에는 현지 가이드와 함께 왕가의 계곡_Valley of the Kings_으로 향했다. 겉으로 보기에는 그저 돌산과 흙먼지 날리는 채석장 같았지만 그 계곡 사이사이에는 신왕국 파라오들의 영원한 안식처가 미로처럼 숨어 있었다.

투트모세 1세_Thutmose I_는 산처럼 우뚝 솟은 피라미드 무덤이 도굴범들의 표적이 되기 쉽다고 생각했다. 그래서 외형상 아무런 흔적이 남지 않도록 계곡 깊숙한 곳에 무덤을 만들었다. 하지만 새로운 방패가 등장하면 새로운 창도 따라오기 마련. 이러한 전략에도 불구하고 도굴은 막지 못했다. 당시에는 무덤 근처에 도굴꾼들이 정착해 살았다는 기록도 전해진다. 결국 오늘날 도굴되지 않은 온전한 무덤은 투탕카멘이 유일하다.

세티 1세_Seti I_의 무덤으로 향했다. 그는 이집트 신왕국 시

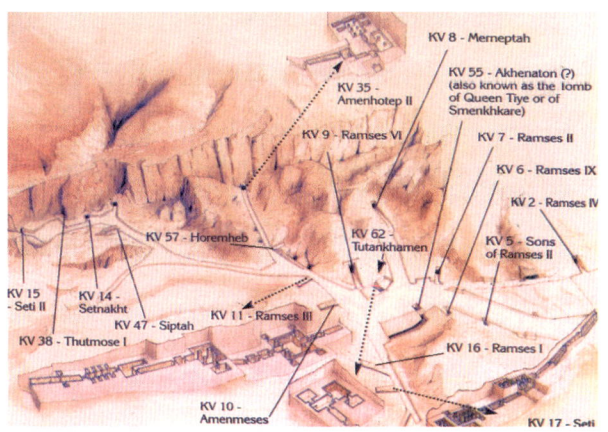

왕가의 계곡 무덤 배치도(총 60여 개의 무덤이 계곡 곳곳에 있다.)

대의 전성기를 공고히 다진 인물이다. 시리아와 레반트 지역 원정으로 이집트의 세력을 회복하여 왕국의 기틀을 다진 군주로 평가된다. 세티 1세의 아들인 람세스 2세는 이집트 황금기를 상징하는 파라오였다. 히타이트와 카데시 전투로 유명한 그는 아버지에 이어 신왕국을 절정으로 이끌었다. 세티 1세 역시 위대한 업적을 많이 남겼지만 아들인 람세스 2세가 워낙 전설적인 존재이다 보니 그의 명성이 가려진 감이 있다.

    세티 1세의 무덤도 도굴꾼들의 손을 피하지는 못했다. 그럼에도 그의 무덤은 규모와 보존 상태 면에서 왕가의 계곡에서 가장 중요한 장소 중 하나로 손꼽힌다. 보물은 사라지고 없지만 벽화와 부조는 여전히 화려하고 보존 상태 역시 뛰어나다. 투탕카멘의 무덤이 20미터 정도인 것에 반해 세티 1세 무덤은 깊이가 무려 120미터에 달한다. 무덤의 예술적 가치는 높은 추가 입

(위) 세티 1세의 무덤 복도. 파라오가 지승길에 신들을 만나서 축복을 받고 또한 영생을 보장 받는 내용의 벽화가 그려져 있다.

(아래) 세티 1세의 묘실. 천정엔 별과 태양신 라(Ro)의 여정이, 벽에는 사후 세계로 가는 과정을 묘사한 벽화가 그려져 있다. 왕이 죽은 뒤에도 신과 함께 영생을 누리기를 기원하고 있다.

장료에도 불구하고 방문객의 줄을 잇게 했다.

　세티 1세의 무덤 입구로 들이시자 가파른 내리막 경사가 나타났다. 입구에서는 손때로 반질반질해진 풍뎅이 부조가 관람객들을 맞았다. 이걸 만지면 '행운이 온다'는 이야기가 전해져 내려오며 방문객이라면 누구나 한 번씩 만지고 간다.

　복도에는 태양신 라에게 바치는 기도문이 새겨져 있고 천장에는 날개를 펼친 독수리 문양이 살아 있다. 복도 길이 갑자기 끊기며 아래가 보이지 않는 낭떠러지로 이어졌다. 영화 속에서 보았던 도굴범을 막기 위한 함정인가 했는데 알고 보니 제례용 우물 자리였다. 이 우물은 망자의 여정을 지하 세계로 이어 주는 상징적 공간이다. 위에 나무 판자가 깔려 있어 조심스레 건넜다.

　다음 공간인 대기실에는 세티 1세와 그를 지키는 호루스 Horus, 죽음을 상징하는 오시리스 Osiris 의 형상이 또렷이 남아 있었다. 벽화 속 왕과 신들은 나란히 서서 죽음을 넘어선 영원의 문 앞을 묵묵히 지키고 있다. 호루스와 오시리스의 모습은 신왕국 후기 무덤 양식에서 자주 등장하는 장면으로 죽은 왕이 신의 세계로 들어가는 과정을 상징한다.

　3천 년의 세월이 무색하게 벽의 채색은 마치 어제 막 그린 듯 생생했고 선은 정교하게 살아 있다. 그 리듬 속에는 고대 장인의 손길이 고스란히 배어 있다. 지금까지 완벽하게 보존된 이 벽화들은 예술가의 섬세한 손길과 이집트 사막의 건조한 기후가 함께 만들어 낸 기적이었다.

　카르나크 신전의 장엄함과 왕가의 계곡의 고요는 서로 다른 표정을 하고 있지만 결국 하나의 세계로 맞닿아 있다. 서안의 영혼은 밤마다 태양의 배를 타고 동쪽으로 건너와 새벽의 빛 속에서 부활했고 낮의 태양은 저녁이 되면 다시 영원의 품으로 돌아갔다. 삶과 죽음은 단절이 아니라 순환이었다. 파라오들은 나일강의 물결처럼 범람과 퇴적을 거듭하며 끝없는 생명의 리듬 속에서 살아 숨 쉬고 있었다.

사자의 서, 영혼의 마지막 심판

계단을 따라 지하로 내려가자 세티 1세의 매장실이 모습을 드러냈다. 지금은 텅 비어 있지만 처음 이곳에는 파라오의 미라가 안치되어 있었을 것이다. 벽면을 가득 채운 그림은 장식 이상의 의미를 지녔다. 그것은 망자가 사후 세계를 무사히 통과하도록 인도하는 '영혼의 안내서'였다.

세티 1세의 무덤에는 왕실 무덤에서 주로 발견되는 《관문의 서 *Book of the Gates*》가 정교하게 그려져 있다. 태양신 라가 밤의 지하 세계를 지나 새벽에 다시 떠오르듯 파라오 또한 열두 개의 관문을 거치며 재생과 부활의 여정을 시작한다. 그 여정 속에서 세티 1세는 신들에게 공물을 바치고 영원한 생명을 청원한다. 각 관문의 길목에는 사람 얼굴을 한 길고 날렵한 뱀이 등장한다. 이 '사람 뱀'은 지하 세계의 문지기로 망자에게 주문이나 이름을 물어 통과 여부를 판가름한다. 벽에 그려진 장면들은 마치

《사자의 서》 안내서에 묘사된 사후 심판 장면. 왼쪽의 망자가 심판을 받으러 들어오고 그의 심장은 저울에 올려져 진리의 깃털과 비교된다. 그 결과에 따라 오른쪽에 흰관을 쓴 저승의 심판자 오시리스가 판결을 내리며 위쪽에는 심판관으로 여러 신이 좌정해 있다.

《사자의 서》에 그려진 심장 무게 재는 장면(확대 모습). 중앙의 자칼 머리의 아누비스가 저울에 망자의 심장을 달고 있으며 오른쪽에는 그것을 삼키려는 암무트가 대기하고 있다.

지하 세계를 실제로 보고 그린 듯 생생했다.

한편 평민과 일반인의 사후 세계를 인도한 것은《사자의 서 Book of the Dead》였다. 망자가 죽음의 땅에서 길을 잃지 않도록 돕는 일종의 '영혼의 지도'로 어떤 무덤에서는 벽화로, 또 어떤 곳에서는 파피루스 두루마리 형태로 함께 매장되었다.

고대 이집트인들은 사람이 죽으면 장례의 신 자칼머리 아누비스 Anubis의 저울 앞에서 '심판'을 받는다고 믿었다. 이들이 상상 심판의 과정은 다음과 같다.

심판관 아누비스는 망자의 심장을 저울 한쪽에 올려놓고 반대편에는 '진실과 정의'를 상징하는 마아트 Maat 여신의 깃털을 올려놓는다. 심장이 깃털보다 가벼우면 망자는 저승의 왕 오시리스 앞에 도달하여 영생을 누릴 자격을 얻는다. 하지만 심장이 더 무거우면 악어 머리와 하마의 몸을 한 괴수 암무트 Ammut가 그 심장을 집어삼킨다. 영원한 소멸이다.

《사자의 서》는 단순한 장례 문서가 아니었다. 그것은 고대 이집트인의 신앙과 삶의 태도, 그리고 죽음을 대하는 철학이 집약된 서사였다. 심장의 무게를 잰다고 하니 문득 '영혼의 무게는 21그램'이라는 말이 떠올랐다. 고대 이집트인에게 심장의 무게란 얼마나 도덕적으로 깨끗하고 정직한 삶을 살았는지에 대한 척도였다. 우리 또한 그들처럼 마음속에 작은 저울을 하나씩 품고 살아간다면 세상은 지금보다 더 따뜻하고 정의로워지지 않을까. 3천 년 전 그들이 남긴 메시지는 오늘을 살아가는 우리에게 여전히 유효하다.

하트셉수트 장제전

⬦

하트셉수트의 장제전*Hatshepsut temple*은 왕가의 계곡에서 차로 10분 거리였다. 장제전은 파라오의 장례 의식을 치르고 내세의 부활을 기원하던 신성한 공간이었다.

람세스 2세가 이집트 남성 파라오의 상징이라면 여성 파라오 중 가장 빛나는 이름은 단연 하트셉수트다. 그녀는 22년간 이집트를 통치한 여성 파라오로 예술과 무역, 평화로운 통치로

이집트의 르네상스를 이끌었다.

끝없이 펼쳐진 사막 길을 달리던 차 안에서 사방을 둘러싼 잿빛 바위산은 마치 고대의 병풍 같았다.

그 병풍을 등지고 선 장제전은 3층 테라스 구조로 이루어진 장대한 건축물이었다. 신전 앞에는 백사장을 연상케 하는 넓은 광장이 펼쳐져 있었다. 한때 이곳에는 나일강에서 물을 끌어

와 정원과 연못을 조성했다고 전해진다. 사후에도 풍요를 기원했던 고대 이집트인들은 생명의 원천인 나일강과 사후세계의 입구인 장제전을 정교하게 연결해 두었다.

테라스를 따라 줄지어 선 웅장한 기둥들은 압도적인 위용을 뿜냈다. 층마다 중앙에 놓인 경사로는 위층으로 자연스럽게 이어지며 신전 전체에 안정된 균형감을 부여하고 있었다. 기둥마다 오시리스 신의 형상을 한 채 서 있는 하트셉수트 여왕은 마치 수천 년의 시간을 넘어 여행객들을 반기기라도 하는 듯했

세 개 층의 계단식 테라스로 이루어진 하트셉투스 장제전은 고대 이집트 건축의 독창성을 잘 보여 준다.

다. 3,500년 전의 건축물이라기엔 믿기 어려울 만큼 세련되고 현대 건축물이라고 해도 손색이 없을 정도로 모던했다.

2층 신전 기둥에는 암소 얼굴을 한 하토르 여신이 새겨져 있다. 그녀는 하트셉수트 여왕을 수호하고 그녀의 통치에 축복을 내린다. 여왕은 자신의 지위를 신성화하기 위해 하토르와의 관계를 강조했으며 심지어 여신의 젖을 빨고 있는 본인의 모습

하트셉투스 여왕을 파라오의 위엄으로 형상화한 장제전 석상. 두 팔을 교차해 가슴에 대는 자세는 오시리스의 전형적인 자세로 파라오의 권위와 영생을 나타낸다.

을 부조로 남기기까지 했다. 이는 곧 신의 축복을 받는 존재임을 시각적으로 드러낸 것이었다.

　남편이자 파라오였던 투트모세 2세가 사망하자 하트셉수트 어린 의붓아들 투트모세 3세를 대신해 섭정을 맡았다. 투트모세 1세의 딸로서 왕위를 이을 정당한 혈통이 자기에게 있다고 믿었던 그녀는 결국 공동 파라오로 등극하며 여성은 파라오가 될 수 없다는 당시의 전통을 과감히 깨뜨렸다. 남성 복장을 하고 가짜 턱수염을 붙인 채 신의 대리자로 군림한 하트셉수트는 명목상의 섭정이 아니라 실질적 통치자이자 정치적 전략가로서의 면모를 유감없이 보여 준 여장부였다.

　하트셉수트는 외교와 무역으로 이집트에 평화와 번영을 가져왔다. 장제전 벽화에는 에티오피아 푼트Punt 왕국과 황금, 유향을 교역하던 장면이 선명하게 남아 있다. 그녀는 전쟁 대신 무역으로 이집트의 황금기를 연 리더였다.

　그러나 로마 제국의 지배가 시작되면서 하트셉수트의 존재는 역사에서 지워졌다. 그녀의 이름은 조각상과 비문에서 하나둘씩 삭제되었고 장제전 역시 모래더미 아래 묻혔다. 그렇게 수천 년의 침묵 속에 잠겨 있던 하트셉수트 여왕은 19세기 유럽 고고학자들의 발굴을 통해 다시 세상의 빛을 보게 되었다. 수천 년의 침묵 끝에 다시 깨어난 불멸의 여왕은 진취적인 여성 리더십의 상징으로 현대에 화려하게 부활했다.

Aswān

아스완

람세스 2세의 아부심벨 신전

룩소르에서 기차를 타고 세 시간 거리의 아스완에 도착한 건 밤늦은 시간이었다. 시장 한복판에 자리한 호텔은 소란스러웠다. 낯선 환경 탓에 잠을 설친 채 아침을 맞았다.

새벽 다섯 시 반에 픽업 차량이 오기로 되어 있었다. 봉고차는 시내를 돌며 승객을 태웠고 우리 숙소가 마지막이었다. 남은 자리에 겨우 몸을 욱여 넣고 졸다 깨기를 반복하며 네 시간 가까운 고된 여정을 견뎠다. 그렇게 도착한 곳이 람세스 2세의 아부심벨 신전(이집트 남부 누비아 지역에 위치한 고대 이집트 유적으로 람세스 2세가 자신의 위용을 과시하기 위해 기원전 1264~1244년에 건설한 암벽 신전)이었다.

신전은 나세르호 상류에 자리한다. 아스완 댐 건설로 나일강의 범람이 사라졌고 아부심벨 신전은 수몰 위기에 처했으나

아부심벨의 운명을 바꾼 아스완 하이댐 상류의 나세르 호수

유네스코가 발벗고 나서 1964년부터 1968년까지 신전을 2천 개의 바위 조각으로 분해해 퍼즐처럼 지금의 위치로 옮겼다. 자세히 보면 바위에는 그때의 수술 자국이 아직도 남아 있다. 이 감동적인 '아부심벨 구출 작전'은 지금도 홍보관에서 상영 중이다.

아부심벨 신전은 람세스 2세가 남긴 또 하나의 걸작이다. 그는 서른 살에 즉위하여 무려 67년간 이집트를 통치하며 96세까지 장수했다. 재위 기간에 수많은 전쟁을 통해 영토를 확장했다. 이집트 최남단에 있는 이 신전은 정복지였던 누비아(현재의 북부 수단 지역)를 방어하기 위한 전략적인 목적으로 세워졌다.

아부심벨은 석굴암처럼 바위산을 깎아 만든 암굴형 신전

(위) 나일강 남쪽 국경을 수호하기 위해 세워진 람세스 2세의 아부심벨 신전
(아래) 다리 사이의 람세스 2세의 아들 딸 가족들, 이집트 조각에서는 파라오의 위대함을 드러내기 위해 왕은 거대하게, 그 외는 작게 표현했다.

이다. 정면에는 20미터 높이의 람세스 2세 거대 좌상 네 개가 나란히 자리하고 있다. 만약 이들이 일어선다면 높이는 35미터에 달할 것이다. 가히 신관 같은 위엄이다. 석상의 무릎과 발아래에는 왕의 자녀들을 묘사한 작고 앙증맞은 조각상이 자리하고 있다.

신전 내부로 들어서자 엄숙한 정적 속에서 하이포스타일의 홀 Hypostyle Hall(수많은 기둥이 천장을 떠받치는 홀)이 나타났다. 양쪽으로 줄지어 늘어선 거대한 기둥들이 신전의 중심을 지탱하고 있었고 그 앞에는 또 다른 거대한 람세스 2세가 당당히 신전을 수호하고 있다. 벽면에는 카데시 전투의 장면이 선명하게 부조되어 있다. 특히 전차를 타고 활을 쏘는 람세스 2세의 장면은 이집트 20파운드 화폐에도 등장한다.

카데시 전투 일화는 람세스 2세의 용맹함을 보여 주는 무용담으로 유명하다. 그는 당시 히타이트족의 기습에 홀로 고립되었으나 치열한 전투 끝에 2,500명의 적을 물리치고 기적적으로 살아 돌아왔다.

람세스 2세의 신전 오른쪽으로 조금 돌아가면 왕비인 네페르타리 Nefertari를 위한 소신전이 위용을 드러낸다. 이곳은 이집트 역사상 최초로 왕비를 위해 세워진 신전으로 사랑과 미의 여신 하토르에게 봉헌되었다. 전면에는 높이 10미터에 달하는 람세스 2세와 네페르타리 석상이 각각 세 개씩, 모두 같은 크기로 당당히 서 있다. 고대 이집트에서는 왕비 석상의 높이가 왕의 무릎을 넘지 않는 것이 관례였으나 이 신전은 그 전통을 과

아부심벨 네페르타리 소신전은 파라오와 왕비를 같은 크기로 묘사한 고대 이집트에서 보기 드문 파격적인 조각을 보여 준다.

감히 뛰어넘었다. 당시로선 파격적인 이 모습에서 그녀에 대한 애정과 예외적 존중이 엿보인다.

람세스 2세 신전은 석굴암처럼 태양의 궤도를 정밀하게 반영한 건축물이다. 매년 두 차례, 해가 떠오르면 햇살이 신전 내부 깊숙이 들어와 람세스 2세를 비롯한 세 개의 조각상을 비추도록 설계되었다. 반면 어둠의 신 프타에게는 빛이 닿지 않도록 정밀하게 계산되었다.

유네스코는 이 빛의 궤적을 완벽히 재현하기 위해 신전 이전 위치를 결정하는 데만 1년을 투자했다. 첨단 기술을 총동원했음에도 지금의 신전은 원래보다 하루 늦게 햇빛이 들어온

암소 뿔 모양의 하토르 여신으로 장식한 신전 입구의 네페르타리 석상

아부심벨 대신전 내부에는 네 명의 신상이 앉아 있는데 맨 왼쪽의 어둠의 신 프타만 햇빛이 닿지 않고 나머지 세 신은 빛을 받는다.

다. 불과 하루의 차이지만 오히려 고대인들의 정밀함 앞에서 현대 기술을 겸허히 고개 숙이게 만든다.

　이곳저곳 둘러보다 보니 어느덧 돌아갈 시간이 다가왔다. 새벽부터 네 시간을 쭈그리고 와서 고작 두 시간 만에 떠난다는 게 못내 아쉬웠다. 하지만 람세스와 네페르타리의 다정한 신전을 보고 나니 마음 한 켠이 따뜻해졌다.

　관람 내내 '돌아갈 때는 꼭 좋은 자리를 잡아야지'라는 생각이 머릿속을 떠나지 않았다. 차량 출발 한참 전 봉고차로 달려가 좋은 자리를 선점했다. 자는 척하며 람세스 2세의 배려가 지금 내게까지 전해지는 듯 감사한 마음이 들었다.

람세스의 석상 앞에 섰을 때 시간은 돌과 함께 멈춰 있었다. 나는 그저 한 사람의 여행자일 뿐이었지만 그 찬란한 문명에 발을 디딘 순간은 말로 다할 수 없는 감동이었다. 역사란 종이 위의 기록이 아니라 온몸으로 마주한 이의 가슴속에 살아 숨쉬는 감정이었다.

이집트에서의 여정은 피라미드에서 시작되어 아부심벨에서 완성되었다. 이번 여정은 단순한 여행을 넘어선 인류 문명의 근원을 향한 탐구였다. 이집트에서 태어난 건축, 종교와 예술은 지중해를 건너 에게 문명Aegean Civilization으로, 그리고 다시 그리스로 이어져 오늘날 서구 문명의 토대가 되었다. '이집트는 나일강의 선물'이라 했지만 인류 전체가 이집트 문명의 선물을 받고 살아가는 셈이다. 고대의 신화는 돌에 새겨진 채 인간 존재의 본질을 묻고 있었고, 그 질문은 나를 깊은 삶의 성찰로 이끌었다.

이슬람 문화

관용의 라마단 보내세요, '라마단 카림'

라마단이 시작되면 온 동네가 고요해진다. 가장 먼저 눈에 띄는 곳은 외국인 회사 휴게실. 냉장고는 텅 비어 있고 라운지의 소음도 사라지고 없다. 마치 시간도 단식에 들어간 듯 고요했다.

한국계 회사의 무슬림 직원들에겐 단축 근무를 하게 해 주거나 점심시간을 연장해 준다. 건강을 고려한 세심한 배려다. 한국인은 평소처럼 근무하고 구내식당도 그대로 운영된다. 외국인 식당은 운영하지 않는다. 생수 한 모금을 마실 때도 조심스레 눈치를 보게 되는 시간. 익숙한 공간이 낯설게 느껴진다. 같은 사무실에서도 라마단은 각자 다르게 찾아온다.

주말에 아부다비 시내로 나가 봐도 풍경은 별반 다르지 않다. 대부분의 가게와 식당, 스타벅스 같은 카페들도 셔터를 내린다. 쇼핑몰 안의 프랜차이즈나 한국 식당 몇 곳이 영업을 하지만 유리창에 검은 천을 둘러 안쪽을 가려 놓는다. 문틈으로 염탐을 해 봐야 영업하는지 알 수 있다. 라마단만큼은 명절의 뜻을 되새기며 숙소에서 시간을 보내는 것이 낫다. 시내로 나가 봐야 세 끼 챙기기도 쉽지 않다.

라마단은 이슬람력 9월 한 달 동안 해가 떠 있는 시간에 먹고 마시는 것을 금하는 가장 성스러운 시기다. 단식은 무슬림에게 매우 중요한 종교적 의무이며 이슬람의 다섯 기둥—신앙 고백, 예배, 자선, 순례, 단식—가운데 하나다. 이 시기에는 음식뿐만 아니라 담배, 부부관계도 금지되며 입에 고인 침조차 조심스레 뱉는다 할 만큼 단식이 철저하다.

라마단에 기도하는 무슬림

단식 후 먹는 이프타르

'이 더위에 굳이 단식까지 해야 하나?' 하는 생각이 들 수도 있다. 하지만 무슬림에게 라마단은 육체적 차원의 금식만은 아니다. 정신적, 사회적, 도덕적, 육체적 훈련의 시간이다. 이를 통해 절제와 인내를 배우고 굶주리는 이웃의 고통에 공감하며 공동체 의식을 키운다.

단식은 622년 헤지라로 거슬러 올라간다. 헤지라는 무함마드가 신앙을 지키기 위해 메카에서 메디나로 이주한 사건으로 이슬람교의 역사적 전환점으로 꼽힌다. 무함마드는 고요한 단식을 통해 신과 조우했고 라마단은 그렇게 시간 속에 새겨졌다.

라마단이 끝나고 나면 이드 알 피트르 *Eid al-Fitr*라는 사흘간의 축제가 시작된다. 말 그대로 '금식을 끝내는 명절'이다. 이 기간 동안 사람들은 거리에서 음식을 나누고 자비와 나눔의 가치를 실천한다. 명절이 시작되면 무료함에 지쳐 있던 사람들은 아부다비와 두바이 시내로 몰려든다. 쇼핑몰은 인파로 가득 차고 거리에는 명절의 활기가 흘러넘친다. 라마단의 인내는 그렇게 이드의 환희로 완성된다. 라마단은 그렇게 모두에게 관용을 가르치고 기다림의 미학을 남긴다.

● 캠프 엿보기 ●

사막에서는 모두 만능 체육인으로 변신

캠프의 일상은 사막처럼 단조롭고 무채색이다. 해가 뜨기도 전 새벽같이 일어나 일곱 시까지 사무실로 향하고 저녁 여섯 시면 퇴근한다. 이런 하루가 일요일부터 목요일까지 이어지다 금요일과 토요일에야 겨우 숨을 돌린다. 퇴근 후에는 방에서 조용히 쉬거나 동료들과 함께 소소한 취미생활을 즐긴다. 대부분은 운동으로 하루의 피로를 씻어 낸다. 마치 신발 속 모래를 톡톡 털어내듯.

캠프에는 다양한 운동 시설이 갖추어져 있다. 수영장, 체육관, 테니스장, 당구장까지. 웬만한 스포츠는 다 가능했다. 이름 그대로 'Sport Complex'. 하지만 이곳에는 치명적인 약점이 있다. 대부분 장비가 낡았고 이용자가 많다. 게다가 기계는 모래와는 상극이라 트레드밀에 모래가 조금만 들어가도 모터가 고장이 났다. 항상 두세 대는 수리 중이었다. 체육관 입구엔 '신발을 깨끗이 털고 들어오라'라는 간절한 문구 PLS!!!가 붙어 있으며 관리인은 신발을 매의 눈으로 살핀다. 그럼에도 마치 모래에 발이라도 달린 듯 건물 구석구석에 금세 쌓이곤 했다.

운동 시설만큼이나 동호회 활동도 활발하다. 나는 생애 처음으로 마라톤 동호회란 곳에 가입했다. 이유는 좀 엉뚱했다. 사막에서 달린다는 것만으로도 멋있어 보일 것 같았기 때문이다. 그 환상 덕분에 나는 결국 뛰기 시작했다. 일주일에 한 번 '오늘 모임 있습니다. 체육관 앞, 19:30' 총무의 카톡 공지가 뜨면 간단히 저녁을 먹고 체육관 앞으로 모였다. 회원은 많았으나 실제로 함께 달리는 이는 세 명에서 다섯 명 사이였다. 총무와 단둘이 뛴 적도 있다. 따라가느라 죽을 뻔했다.

스트레칭 후 각자의 페이스에 맞춰 캠프 외곽을 한 시간 정도 달린다. 야외 러닝은 실내보다 덥고 끈적거렸지만 그 나름의 매력이 있다. 조금만 뛰어도 땀이 줄줄 흘러 왠지 운동을 많이 한 듯 뿌듯하기 때문이다. 외곽의 낯선 길을 달리다 보면 불쑥 '정말 내가 사막 한가운데서 살고 있구나.' 하는 실감이 들곤 했다.

　　　저 멀리 건물의 불빛이 듬성듬성 아스라이 보이고 울타리 너머 고속도로를 줄지어 달리는 화물차들의 불빛은 왠지 모르게 쓸쓸해 보이기도 했다. 어두운 곳을 달릴 때면 하늘 높은 곳의 별빛이 더욱 반짝이며 선명하게 다가왔다. 이 생각 저 생각을 하며 뛴다. '지금 한국의 가족들은 무엇을 하고 있을까. 휴가 가려면 얼마나 더 기다려야 하지?'

　　　이렇게 사막의 더운 밤바람을 가르며 달리는 시간이야말로 어쩌면 단조로운 일상에서 나를 지켜내는 유일한 방식이었는지도 모른다.

　　　한 시간 정도 지나면 땀범벅이 된 채 하나둘 매점으로 모인다. 셔츠는 등에 찰싹 달라붙어 있지만, 얼굴에는 함박웃음이 피어 있다. 소박한 뒤풀이가 시작된다. 스프라이트를 벌컥벌컥 들이켜며 피자와 떡볶이를 앞에 두고 입맛을 다신다. 운동한 양보다 훨씬 많은 칼로리를 흡입하지만 그 또한 사막 한복판에서만 가능한 작고 소중한 일탈이었다.

　　　우리는 그렇게 사막 속 러너가 되어갔다. 사막에서의 러닝은 일상 속에서 비일상을 경험하는 일이었다. 유리창 너머로 보이는 모래밭과 그 위를 직접 달리는 것은 전혀 다른 세계였다. 모래바람은 눈과 입을 거칠게 파고들며 숨을 막히게 했다. 그러나 그 바람 속으로 발걸음을 내디딜수록, 삶 역시 단조로움과 시련을 견뎌야 완주할 수 있는 긴 마라톤임을 깨달아 갔다.

5부

세 종교의 심장이 뛰는 곳

이스라엘

Jerusalem
예루살렘

성지로 가는 길, 살트에서 길을 묻다

우버는 없고 메시아는 있었다

아랍에미리트에서 이스라엘을 여행한다는 것은 매우 도전적인 일이었다. 내가 이스라엘에 가겠다고 하자 주변에서는 "거기 갔다가는 다시 돌아오기 힘들걸", "다른 좋은 곳도 많은데, 왜 하필 거기야?" 같은 부정적인 반응이 대부분이었다.

하지만 내 생각은 조금 달랐다. 한국에서 이스라엘을 가기보다 아랍에미리트에서 가는 것이 접근성이 좋을 뿐만 아니라 유대교, 기독교, 이슬람교라는 3대 종교의 성지가 모여 있는 곳이니만큼 반드시 가 보고 싶었다. 문제는 중동에서 이스라엘을 여행한 사람이 많지 않아서 정보도 부족하고 아랍에미리트에서 이스라엘로 들어가는 루트도 명확하지 않다는 점이었다. 나는 한국 블로거들의 정보를 모으며 동행할 사람을 찾기 시작했다. 그리고 연말 연휴를 디데이로 정하고 이를 폭풍 추진했다.

결국 옆팀 팀장과 이대리까지 총 세 명이 의기투합했다. 이스라엘 입국은 아랍에미리트에서 요르단까지 항공편으로 이동한 후 육로로 알렌비 국경 검문소를 통과하는 것이 가장 무난해 보였다. 내가 구상한 최종 루트는 다음과 같다.

아부다비 출발 → 암만 공항 도착 → 우버 이용(약 두 시간) → 킹 후세인 검문소(요르단 측) → 알렌비 다리 → 알렌비 검문소(이스라엘 측) → 셔틀버스 이용 → 예루살렘 도착

예루살렘의 셔틀 버스의 종점, 다마스쿠스 문. 그곳에서 전직 목사였던 가이드가 꽃다발을 들고 기다리고 있을 터였다. 하지만 그것은 아직 비밀로 남겨 두었다.

이 루트는 내가 수많은 블로그를 검색해서 가장 안전하고 신속하게 예루살렘으로 입성하도록 짠 것이었다. 같이 가기로 한 팀장은 기독교에 입교한 지 얼마 되지 않아 여행에 대한 기대로 부풀어 있었다. 기대치가 만렙인 상사를 모시고 가니 실수라도 하면 어쩌나 하는 긴장이 되어 나는 평소 혼자 여행할 때보다 두세 배는 더 많은 정보를 더 수집하여 일정을 짰다.

암만 공항

연말 연휴의 시작과 함께 우리 셋은 드디어 아부다비를 출발해 요르단행 비행기에 몸을 실었다. 암만 공항에 도착하자마자 근처의 릴리 카페에 자리를 잡고 커피를 마시며 본격적인 여행 채비에 돌입했다. 휴대폰에서 우버 앱을 켜고 알렌비 국경까지 갈 차량을 검색했다.

그런데 뭔가 좀 이상했다. 지도 위에 떠야 할 검은 점들이 보이지 않았다. 불길한 예감이 스쳤다. '폰이 잘못됐나?' 전원을 껐다 켰지만 여전히 감감무소식. 블로그에서는 분명히 우버로 알렌비까지 갔다는 후기가 있었는데. 한참을 기다려도 변화는 없었다. 프로그램 에러가 아니라 현실이었다.

암만 공항 근처에는 우버 차량이 한 대도 없었다. 초장부터 여행이 좀 꼬이기 시작했다. 공항 로비에서 우리는 긴급대책회의를 했다. 결국 '택시를 타고 가자'는 회의를 안 해도 됐을 것 같은 당연한 결론을 내리고 "그럴 수도 있지, 뭐." 하며 불안감을 애써 외면했다.

우리는 공항 주차장의 택시 승차장으로 향했다. 그런데 국경까지 가겠다는 택시가 없었다. 있다 해도 우버의 서너 배에 달하는 요금을 요구했다. 우리는 돈은 있어도 바가지는 못 참는 정의로운 국제 시민(!)이라 말없이 가격 협상을 하며 공항 인근을 배회했다.

그때 승용차 한 대가 다가왔다. 택시처럼 보이지는 않았지만 운전자는 우버 가격에 국경까지 데려다주겠다고 했다. 우리는 '이건 행운이야', '하늘이 무너져도 솟아날 구멍이 있다더니…' 하며 그 차에 탔다. 우리를 애타게 기다리고 있을 예루살렘의 가이드를 떠올리며 캐리어를 재빨리 차에 실었다.

공항 출구를 막 나서려는 순간, 경찰이 차량을 막아섰다. 우리는 또 다른 시련임을 직감했다. '이번엔 또 무슨 일이지?' 숨을 죽인 채 경찰과 운전기사를 번갈아 봤다. 여행이 겨우 정상궤도로 진입하려는데 이건 또 무슨 날벼락이란 말인가. 대화 내용은 이해할 수 없었지만 분위기가 심상치 않았다. 알고 보니 그 차량은 불법 영업 차량이었고 검문에 걸린 것이었다. 경찰은 우리를 하차시켰고 우리는 다시 출발 전의 자리로 돌아갔다. 세 시간 전 도착한 그 자리 그대로였다. 마음은 이미 예루살렘에 가 있었지만 발은 여전히 암만 공항 주차장에 묶여 있었다.

솔트

몇 날 며칠을 고심해 계획을 짰는데 시작부터 삐걱댔으니 국제 시민의 자존심 따위는 내려놓고 바가지요금 택시라도 타야 할 상황이었다. 그런데 주차장 한쪽에서 한국말이 들렸다. 순간 환청이 들리는 것이 아닌가 했는데 분명 젊은 남성이 한국말로 전화를 하고 있었다. 우리는 구세주라도 만난 듯 그에게 달려갔다.

메시아처럼 나타난 청년은 요르단에서 봉사활동을 하는 모 선교회 소속 교사였다. 그는 우리에게 매우 중요한 정보를 알려 주었다. '오늘은 연말 연휴라서 국경이 폐쇄되었을 뿐만 아니라 국경 근처에는 숙소도 없다'는 것이었다. 블로그 어디에도 나오지 않았던 엄청난 정보였다. 선생은 우리에게 본인 학교 기숙사에서 하룻밤을 보낸 후 내일 다시 출발하는 것을 제안했다. 그렇게 해서 가게 된 곳이 살트 SALT 라는 도시였다. 살트는 암만에서 30킬로미터 떨어진 요르단의 고도(古都)로 오스만 제국 시절에는 행정 중심지였다. 지금도 전통 시장과 석조 가옥이 고풍스러운 조화를 이루며 옛 도시의 숨결을 간직하고 있다.

우리는 방 두 개를 배정받았다. 학생들이 없어서 난방을 끈 것인지 원래 난방이 안 되는 건지는 알 수 없지만 한겨울의 기숙사는 몹시 추웠다. 그래도 알렌비 국경까지 가서 쭈그려 노숙하지 않는 것만 해도 다행이라 생각하며 잠을 청했다.

그때 마침 옆방에 있던 팀장이 들어와 추워서 도저히 잠을 못 자겠다고 토로했다. 선생의 도움으로 이곳까지 오게 된 것만 해도 기적 같은데 춥다고 다른 곳으로 옮겨 달라는 말은 차마 입에서 떨어지지 않았다. 하지만 나이 지긋한 팀장의 건강도 염려되고 우리도 조금 춥고 하여 다른 곳으로 옮기기로 어려운 결정을 했다.

구글 맵으로 검색하니 뜻밖에도 근처에 호텔 하나가 있었다. 살트 외곽 언덕 중턱에 자리 잡은 호텔은 시설이 그리 좋지는 않았지만 뜨거운 물도 나오고 방에 온기도 있었다. 따뜻한

요르단의 고도 살트의 언덕 마을 전경

물로 샤워를 하니 컨디션이 금세 회복되었다. 인생에서 가장 긴 하루를 마무리하고 있을 때 문틈 사이로 흥겨운 음악 소리가 들려왔다. 우리는 어느새 그 소리를 따라 움직이고 있었다.

식당 한쪽에서는 작은 음악회가 한창이었다. 연주자 몇 명이 흥겹게 기타와 드럼을 연주하고 관객들은 손뼉을 치며 호응했다. 호텔 직원과 숙박객들이 함께하는 일종의 연말 파티였다. 우리도 유리창 옆에 자리를 잡고 음악에 빠져들었다. 처음부터 함께했던 것처럼 몸을 들썩이며 환호를 보냈다. 생소한 도시에서 맞은 뜻밖의 연말 파티라니, 아이러니였다. 창 밖으로 보이는 언덕 아랫마을은 별빛이 내려앉은 듯 불빛이 아련하게 반짝였다. 살트의 꿈결 같은 밤이 지나고 있었다.

우버의 부재, 불법 영업 승용차의 검문, 선교사와의 만남, 이 모든 우연의 조합이 살트에서 아름답고 아련한 밤을 보내기 위한 큰 그림이 아니었을까. 처음부터 우리는 이곳으로 향하고 있었는지도 모른다. 짧은 여행에서도 우연이 필연이 되듯 우리의 삶도 수많은 우연이 모여 만들어지는 것은 아닐까.

유대교, 기독교, 이슬람교의 성지

호텔에서 보낸 하룻밤으로 어제의 피로가 말끔히 풀렸다. 이른 아침 선교사 선생은 우리를 이스라엘 국경까지 데려다주었다. 살트에서 국경까지는 한 시간 남짓. 가는 길 내내 황량한 황

요르단-이스라엘(팔레스타인) 국경 검문소

톳빛 풍경과 광야가 끝없이 펼쳐졌다. 선생에게 감사 인사를 전하고 우리는 다시 짐을 단단히 고쳐 맸다. 그리고 킹 후세인 검문소로 발길을 옮겼다. 몸과 마음이 다시 긴장 모드로 돌아갔다.

이스라엘에 입국하려면 먼저 요르단 측 킹 후세인 검문소를 지나 다리를 건넌 뒤 이스라엘 서안 지구의 알렌비 국경 검문소를 통과해야 했다. 이곳은 팔레스타인 사람들이 요르단으로 드나들 때 자주 이용하는 국경 통로다. 그만큼 이스라엘 측의 검문 절차는 까다롭고 긴장감이 감돈다.

천장까지 닿을 듯한 회전 턴 게이트를 지나 지나칠 정도로 철저한 짐 검사를 받고 이어지는 인터뷰까지 마쳐야만 입국할 수 있었다. 국경을 통과한 뒤에야 나도 모르게 깊은 안도의 한숨이 새어 나왔다. 입국 도장은 여권이 아닌 별도의 종이에

다마스쿠스 문. 예루살렘 올드 시티의 주요 출입문 중 하나로 고대에는 이곳이 다마스쿠스로 향하는 길의 시작점이었다. 지금도 주변은 장터와 행인들로 활기를 띤다.

찍어 주었다. 중동 국가를 여행할 때 생길 수 있는 문제를 고려한 조치였다. 예루살렘 시내까지는 승합 택시 쉐루트Sherut를 타고 약 한 시간을 가야 했다.

버스의 종점 다마스쿠스 문Damascus Gate 앞에서 드디어 가이드를 만났다. 꽃다발은 없었지만 이산가족을 상봉하는 것마냥 반가웠다. 예루살렘 구시가지의 입구인 다마스쿠스 문은 사람들로 북적였고 거리엔 활기가 가득했다. 이곳은 다운타운의 입구이자 동시에 이슬람 지구의 시작점이었다. 그래서인지 아랍 전통 복장 차림의 사람들 사이사이로 자동 소총을 멘 군인들이 눈에 띄었다. 거리엔 활력과 동시에 긴장감이 감돌았다.

살트에서 예기치 못한 하루를 보낸 탓에 결국 3일 일정을 2일로 압축해야 했다. 가이드는 경보하듯 걸으며 속사포처럼 설명을 이어갔다. 팀장은 중요한 시험을 앞둔 학생처럼 한마디도 놓치지 않으려는 듯 집중했다. 나 역시 예수님의 흔적을 직접 볼 수 있어서 흥미로웠지만 팀장만큼은 무리였다. 이대리는 가이드의 설명보다는 거리의 총을 멘 이스라엘 여군이나 식당 간판에 더 관심을 보였다. 같이 걷고 있었지만 관심사와 감동의 깊이는 제각각이었다.

예루살렘은 세계에서 가장 오래된 도시이자 세 종교의 '성지'로 불리는 상징적인 곳이다. 올드시티 곳곳에 자리한 3천 년의 유적은 도시 전체를 하나의 거대한 성전으로 만든다. 그러나 같은 성지라 해도 그 의미는 종교마다 조금씩 다르다.

유대인에게 예루살렘은 1,800년이 넘는 디아스포라 동안 잃어버린 고향이자 민족을 하나로 묶어 주는 상징이다. 그리스도교인에게는 신앙의 근원이자 예수가 고난을 겪고 부활한 거룩한 무대이다. 무슬림에게는 무함마드가 승천한 고귀한 성소로 하늘과 맞닿은 영적인 장소이다. 이렇듯 서로 다른 신앙이 겹치는 이곳은 크고 작은 갈등의 무대이면서도 동시에 인류 문명의 다양성을 비추는 거울이다.

가장 먼저 이곳을 성지로 삼은 민족은 유대인이었다. 기원전 1000년경 다윗 왕이 민족을 통일하며 이스라엘 왕국을 세우고 수도를 예루살렘으로 정했다. 그의 아들인 솔로몬 왕은 이곳에 거대한 성전을 세웠다. 그러나 기원전 6세기경 바빌로니아에 의해 성전은 파괴되고 유대인들도 뿔뿔이 흩어졌다. 그 후 일부가 귀환했지만 서기 70년 로마 제국에 의해 다시 추방당한다. 로마인들은 유대교 성전 터 위에 제우스 신전을 세우며 예루살렘의 주인을 바꾸었다. 이후 7세기 말, 이슬람 왕조가 이곳을 차지해 바위 돔 사원을 세워 지금에 이르렀다. 이처럼 예루살렘의 시간은 포개진 성전 위에 성전이 덧입혀진 겹겹의 역사로 이어져 있다.

황금빛 돔으로 덮인 바위 돔 사원은 남산타워처럼 도시 어디에서나 눈에 띄며 예루살렘의 상징으로 우뚝 서 있다. 이곳은 이슬람교, 기독교, 유대교가 모두 가장 신성하게 여기는 곳이다. 돔 안에는 세 종교 모두에게 특별한 의미를 지닌 '너럭바위'가 놓여 있다.

이슬람의 전승(傳承)에 따르면 무함마드가 이곳에서 천사

가브리엘과 함께 하늘로 올라 아담·아브라함·예수 등을 만나 대화를 나누고 마침내 알라로부터 최후의 계시를 받았다고 전한다. 그래서 무슬림에게 바위 돔은 천상과 지상을 잇는 문으로 여겨진다. 바로 옆에 있는 알 아크사 모스크Al Aqsa Mosque는 초기 무슬림들이 메카 대신 최초의 기도 방향(키블라)으로 삼았던 오랜 성지다. 동시에 이곳은 아브라함의 전통을 계승하고 초기 이슬람 공동체의 정체성을 보여 주는 영적 중심지이기도 하다.

유대교에서는 과거 솔로몬의 성전이 서 있던 자리이자 메시아가 재림해 성전이 다시 세워질 곳으로 믿는다. 또한 전승에 따르면 아브라함이 아들 이삭을 제물로 바치려 했던 곳도 바로 이 자리다.

기독교에서는 이곳을 구약의 중요한 무대이자 예수가 방문해 가르침을 전했던 성전이 있던 자리로 기억한다.

이처럼 바위 돔 사원, 이곳은 유대교와 기독교, 이슬람 신앙이 겹쳐지는 누구도 양보할 수 없는 인류 신앙의 구심점이다.

우리는 예루살렘에서 유대교도들이 가장 신성하게 여기는 '통곡의 벽Western Wall'으로 향했다. 광장 끝에는 높이 20미터에 달하는 화강암 벽이 서 있었다. 과거 유대교의 성전은 파괴되었고 이 서쪽 벽만이 유일하게 남아 신앙의 상징이 되었다. 로마 제국은 유대인들이 1년에 단 하루만 이곳을 찾도록 허락했으며 중세 이후 사람들이 이곳에서 울부짖으며 기도했다 하여 '통곡의 벽'이라는 이름이 붙었다. 수천 년 신앙의 시간과 나의 발걸음이 겹치는 순간, 우리는 역사의 길 위를 걷는 순례자가 되었다.

예루살렘 성전산 위의 바위 돔 사원. 7세기 후반 우마이야 왕조 시대에 건축된 이슬람 건축의 걸작이다. 황금빛으로 빛나는 웅장한 돔과 외벽을 장식한 정교한 청색 타일이 특징이다. 내부에는 신성한 '너럭 바위'가 놓여 있다.

유대교 최대의 성지 통곡의 벽. 남녀 기도 구역이 분리되어 있으며, 전 세계 유대인들이 순례하며 기도문을 종이에 적어 벽틈에 꽂는 전통을 이어오고 있다.

벽 앞 광장은 검은 정장과 검은 모자, 귀밑머리를 기른 유대인과 관광객들로 인산인해였다. 유대인들은 허리를 앞뒤로 굽히며 무언가를 애타게 중얼거리면서 기도하고 있었다. 광장 한쪽에는 작은 메모지가 놓여 있었고 사람들은 그 종이에 소망을 적어 벽틈에 끼워 넣었다. 우리도 이곳에 온 기념으로 소원을 적어 넣고 그들처럼 고개 숙여 기도를 했다. 나는 조용히 가족의 건강을 빌었다.

다음으로 우리는 비아 돌로로사를 따라 순례의 길에 나섰다. 비아 돌로로사 *Via Dolorosa*는 예수가 십자가를 지고 걸었던 '고난의 길'이다. 위에는 열네 개의 장소가 표시되어 있고 그곳마다 교회당이나 작은 채플이 세워져 있었다. 성모 마리아를 만난 곳, 십자가에 못 박히신 곳의 흔적이 그대로 남아 있었다. 더 이상 성경 속 이야기가 아니었다. 내가 직접 밟고 걷는 현실의 길이었다. 예수가 넘어지고 다시 일어났던 그 발자취 위로 내 발이 포개졌다. 수많은 순례자의 발걸음에 닳아 반들거리는 대리석 계단은 그들의 신앙과 눈물로 빛나고 있었다. 성경책에서만 보던 예수가 내 앞에 다가오는 듯했고 말로는 다 담기지 않는 울림이 가슴 깊숙이 차올랐다.

비아 돌로로사의 절정은 마지막 순례지인 예수 성묘 교회였다. 예수가 십자가에서 숨을 거두고 내려져 기름 부음을 받은 뒤 무덤에 묻혔다고 전해지는 곳. 기독교 신자들에게 가장 성스럽고 전 세계 순례객들이 끊임없이 모여드는 최고의 성지이다. 원래 이곳은 채석장이었지만 지금은 골고다 *Golgotha* 언덕 위를

비아 돌로로사. 예루살렘 구시가지에 있는 이 길은 예수가 십자가를 지고 골고다 언덕까지 걸었다고 전해지는 신성한 순례길이다. 길 위에는 예수의 수난 여정을 기념하는 열네 개 '십자가의 길' 지점이 표시되어 있다.

예수 성묘교회. 기독교 역사상 가장 핵심적인 성지 중 하나이며 예수의 수난과 부활의 현장이다. 죽음을 넘어 생명과 구원의 약속을 체험하는 공간으로 전 세계 기독교인의 방문이 이어진다.

감싸는 거대한 교회가 되었다. 이 교회의 건설을 주도한 사람은 기독교를 합법화했던 로마 황제 콘스탄티누스의 어머니 헬레나였다. 그녀는 성지순례 중 꿈에서 예수 무덤의 위치를 계시받아 이곳에 교회를 세웠다고 했다.

문을 들어서는 순간 모든 소리가 멈췄다. 웅장한 내부와 은은한 불빛, 그 고요함이 주는 성스러움은 타임머신을 타고 중세로 들어간 듯했다. 감격의 눈물을 흘리며 기도하는 할머니,

성묘 교회 내부의 골고다 제단. 예수가 십자가에 못 박힌 장소로 전해지며, 중앙에는 십자가상이, 좌우에는 성모 마리아와 성 요한 조각상이 있다. 바닥 유리 아래로는 골고다 언덕의 바위가 드러나 순례자들이 경배와 기도를 올리는 성지이다.

차분히 묵상하는 중년의 남성을 비롯해 세계 곳곳에서 모인 순례자들 모두가 각자의 방식으로 조용히 기도를 올리고 있었다. 교회 안은 성스러우면서도 강렬한 에너지가 느껴졌다. 순례를 마치고 나자 이유 없이 마음이 한결 가벼워졌다.

벌써 깊은 밤이 되었다. 영혼은 충만해졌지만 몸은 지쳐 있었다. 신과의 대화가 끝난 자리로 인간의 허기가 찾아왔다. 그날의 마지막 성소는 골목 끝에 자리한 작은 피자집이었다.

종교의 성지에서 보낸 하루. 신과 사람의 간극은 한 뼘쯤 좁혀졌다. 내게는 삶의 의미를 성찰하고 마음의 평화를 얻는 시간이었다. 그날 내가 얻은 평화는 세 겹의 울림으로 마음속에 깊이 새겨졌다.

Masada

마사다

바람 속에 남은 마지막 목소리

　　이스라엘에서의 마지막 여정은 '마사다'였다. 마사다는 이스라엘 남부, 사해 서쪽 고원 위에 세워진 요새로 유네스코 세계문화유산으로 지정되어 있다. 사방이 가파른 절벽으로 둘러싸여 있어 외부 공격이 거의 어려운 천연 요새였다. 처음엔 그저 또 하나의 유적지쯤으로 생각했는데 막상 그곳에 서 보니 마사다는 평범한 언덕이 아닌 가슴 깊이 파고드는 '묵직한 질문이 남겨진 자리'였다.

　　예루살렘에서 사해를 따라 두 시간쯤 달리자 전혀 다른 풍경이 눈앞에 펼쳐졌다. 광활한 유대 광야의 황량한 평지 위, 하늘과 맞닿은 듯한 거대한 절벽 요새가 우뚝 솟아 있었다. 바로 '마사'이다. 2천 년 전 유대 민족의 마지막 항전지, 바로 그곳이었다.

원래 마사다는 헤롯 왕이 로마의 지배하에서 자신의 피난처 겸 겨울 별궁으로 긴실했나. 기원후 66년 유대인은 로마 제국의 지배에 맞서 반란을 일으켰지만 예루살렘은 곧 함락되었고 살아남은 반란군 967명은 이곳 마사다로 피신해 최후의 항전을 준비했다.

요새는 해발 450미터에 달하는 암벽 위에 자리 잡고 있었다. 가장 먼저 눈에 띈 것은 거대한 물 저장고였다. 사막에서 물은 곧 생존이다. 마사다에는 빗물을 모아 저장하기 위해 절벽을 따라 석회수로와 저수 시설이 갖춰져 있었다.

로마식 사우나, 빨래터, 창고 저수지, 비둘기 집 등 사람들이 생활했던 흔적도 고스란히 남아 있었다. 특히 북쪽 절벽에 지어진 헤롯의 궁전은 3층 구조로 끝단의 테라스가 절벽 위로 돌출되어 있어 전망이 장관이었다. 개인 침실과 생활공간까지 갖춘 이곳은 변방의 방어 거점이 아니라 말 그대로 '궁전의 형식'을 띤 요새였다.

정상에 올라서자 사해와 유대 광야가 한눈에 들어왔다. 당시 이곳에서 로마군의 포위망을 바라보던 유대인들은 어떤 심정이었을까. 새벽이면 공격이 시작될 걸 알면서도 그들은 묵묵히 운명을 받아들였을 것이다.

로마군은 마사다의 서쪽 성벽 아래 거대한 둔덕을 쌓기 시작했다. 그 작업엔 포로로 잡힌 유대인들이 동원되었다. 그들은 채찍 아래 떨리는 손으로 동족의 파멸을 위한 언덕을 쌓아야 했다. 성 안의 유대인들에게는 끔찍한 혼란과 절망이 밀려왔을

마사다 요새 전경. 상단 평평한 넓은 공간은 병사들과 주민들이 살았던 주거지, 막사, 공공 생활 시설이 있다. 절벽 남쪽 돌출부는 헤롯 왕의 3단 테라스다. 위쪽은 접견실과 거주 공간이고 아래쪽은 연회장, 목욕탕, 휴식 공간으로 구성되어 있다.

마사다에서 유대사막을 내려다본 풍경. 황량한 광야와 고대 로마군의 진지 흔적(사각형 구조물)이 있다. 멀리로는 사해의 푸른 물결이 보인다.

마사다 요새 남쪽 절벽. 헤롯왕의 궁전으로 이어지는 가파른 절벽길이 나 있다.

것이다. 동족을 향해 활을 쏘아야 하는가, 아니면 자신의 운명을 받아들여야 하는가. 그들의 선택은 말 그대로 절벽 끝에서의 결단이었다.

우리는 옛 유대인 회당 자리에 앉아 가이드의 설명을 들었다. 로마군의 최종 공격을 앞둔 어느 날 밤, 지도자인 '엘라자르'는 남은 사람들을 모아 말했다. "로마인의 노예가 되지 말자. 죽음으로 자유를 선택하자!" 그날 밤 960명의 유대인들이 칼끝 앞에 스스로를 내맡겼다. 다음 날 로마군이 마사다에 도착했을 때 생존자는 아무도 없었다.

이렇게 이야기는 비극적으로 끝이 난다. 하지만 이 기록은 유대인 출신으로 로마에 투항한 역사가 요세푸스의 진술에 기초한 것이다. 그는 로마 황제의 후원을 받으며 집필했기에 실제보다 더 비극적으로 각색했을 가능성이 크다.

이 장면은 이슬람교의 교리와도 충돌한다. 이슬람은 인간의 생명을 스스로 끊는 행위를 단호히 금한다. 자살은 알라가 부여한 생명을 거부하는 행위이기 때문이다. 그런 점에서 마사다의 집단 자결은 영웅적 희생이라기보다 무슬림의 시선에서는 신이 내린 시련을 견디지 못한 비극으로 읽힌다. 동시에 이슬람은 '인내와 생존'을 중시한다. 고난 속에서도 살아남는 것이야말로 신앙의 또 다른 증거라고 말한다. 그래서 마사다는 단지 유대인의 비극에 그치지 않고 오늘의 우리에게 '죽음과 생존 중 무엇이 진정한 용기인가'라는 질문을 던진다.

이때 또 하나 떠오른 장소는 스리랑카의 시기리야 *sigiriya*

스리랑카의 시기리야(사자바위) 전경. 5세기경 카샤파 왕은 바위 정상에 궁전을 세워 요새로 삼고 스스로 고립되었다.

사자바위였다. 열대우림 한가운데 우뚝 솟은 바위 위의 왕궁. 외부 환경은 달랐지만 외부와 단절된 채 절망 속에서 쌓아 올린 요새라는 점에서 둘은 닮아 있었다. 5세기 상할라 왕국의 왕자는 아버지를 살해하고 스스로 왕위에 오른 뒤 복수와 불안에 시달리며 사자바위 위에 은둔했다. 그러다 끝내 자결했고 시기리야는 권력자의 두려움이 스스로 만든 감옥으로 남았다.

마사다와 시기리야. 출발점은 달랐지만 결말은 같았다. 마사다가 외세와 싸운 절벽의 요새였다면 시기리야는 죄의식에 쫓긴 내면의 도피처였다. 성격은 달랐지만 고립은 결국 파멸로 귀결되었다. 방어와 단절의 역설, 그리고 협력과 소통의 부재는 늘 같은 비극을 낳는다.

마사다는 지금도 선택의 존엄과 비극이 교차하는 유산으로 기억된다. 하지만 진정한 용기는 때로 고통을 견디며 살아남는 데 있다. 죽음이 존엄일 수 있다면 생존 역시 또 하나의 저항일 수 있다. 마사다의 의미는 그날의 선택보다 오늘 우리가 그 선택으로부터 무엇을 배울 것인가에 달려 있다.

마사다를 끝으로 우리의 이스라엘 여정도 마무리되었다. 로마와의 항전이 끝난 지 2천 년이 지났지만 땅의 주인만 바뀐 채 이곳은 여전히 갈등의 중심에 있다. 이제라도 세 종교의 뿌리인 아브라함 시대의 공존 정신을 되살려야 하지 않을까. 이 땅은 누구의 소유가 아니라 모든 이가 평화롭게 살아가야 할 공존의 터전이다. 우리는 이스라엘을 떠나며 이 땅에 평화가 깃들길 간절히 기원했다.

> 이슬람 문화

유대인과 아랍인의 조상은 같다

배다른 형제의 운명

이스라엘과 아랍 국가들은 말 그대로 '견원지간'이다. 그러나 놀랍게도 이들은 한 뿌리에서 갈라진 형제 같은 민족이다. 모두 셈족이고 아브라함이 공통 시조다.

셈족의 지도자 아브라함은 본처 사라와의 사이에서 오랜 시간 자식을 얻지 못했다. 후계자가 절실했던 그는 몸종 하갈을 두 번째 부인으로 맞아 아들을 낳았다. 그 아이가 바로 '이스마엘'이다. 주변 사람들은 기뻐하며 이스마엘이 아브라함의 장자로서 셈족의 후계자가 될 것이라고 믿었다.

그런데 그때 기적과도 같은 일이 일어난다. 아브라함이 99세 되던 해, 본처 사라 역시 아들을 낳은 것이다. 그 아이가 바로 '이삭'이었다. 여기서 아브라함의 후계 구도를 둘러싼 딜레마가 생긴다. 형제이자 경쟁자였던 두 사람의 운명은 훗날 두 민족 간 대립의 서사로 이어진다.

논란의 역사와 그 기원

갈등의 뿌리는 성서에 기록된 '가나안 땅'의 약속에서 시작된다. 《구약》 성서에 따르면 신은 아브라함의 후손에게 요르단 서쪽, 오늘날 이스라엘 지역에 해당하는 이 땅을 영원히 소유하리라 약속했다. 하지만 문제는 아브라함의 아들이 둘이었던 것이다.

아브라함은 첫째 아들인 이스마엘이 이 땅의 주인이 되길 원했지만 성서 속

신의 선택은 둘째 아들 이삭이었고(창세기 26:3, 28:13) 이것이 바로 유대인들이 오늘날 이스라엘 건국의 정당성으로 삼는 근거가 되고 있다. 반면 이슬람 전승에서는 이스마엘이 신의 축복을 받은 자로 여겨진다. 여기서부터 두 민족은 각자의 정통성을 주장하며 갈등의 길로 접어든다.

기원전 2000년경 메소포타미아를 떠난 셈족은 지중해 동쪽, 현재의 팔레스타인 지역에 자리를 잡았다. 유대인들은 그곳에 왕국을 세웠다. 그러나 곧 이집트의 침략을 받아 노예로 끌려갔다. 이후 모세의 인도로 '출애굽'을 감행하고 마침내 '약속의 땅' 가나안으로 돌아왔다. 성경의 기록이다.

하지만 유대인의 시련은 끝나지 않았다. 기원전 6세기, 그들은 바빌론으로 끌려가 포로가 된다. 우리는 이 시기를 '바빌론 유수기'라고 부른다. 해방 이후 유대인들은 고향으로 돌아와 교리를 정립하고 종교 부흥을 이루었다. 그러나 지나치게 강한 선민 의식은 오히려 외부의 반감을 샀다. 특히 같은 유대인 출신인 예수를 죽게 사주했다는 이유로 유대인은 전 기독교계 세계로부터 반감을 샀다.

기원후 131년 로마 제국은 유대인들의 반란을 진압한 뒤 그들을 강제로 추방하고 이 지역의 지명을 고대의 '필리스티아 Philistia'로 바꾸었다. 유대인이 떠난 땅에는 아랍인들이 들어와 새 보금자리를 잡고 2천 년 동안 그곳에서 삶을 이어왔다. 이 '필리스티아'라는 명칭은 훗날 '팔레스타인 Palestine'이 되었고 현재에 이르렀다. 가자지구와 예루살렘에서 벌어지는 충돌은 표면적인 국경 분쟁을 넘어선 수천 년에 걸친 갈등의 산물임을 보여 준다.

그렇다면 이곳은 누구의 땅인가. 피로 맺어진 형제인 두 민족. 정말 그들이 다시 함께 설 수는 없는 것일까. 지금도 우리는 그 물음 앞에 서 있다.

● 캠프 엿보기 ●

루와이스로그 : 캠프 밖 소소한 행복들

사막 끝의 일상, 스타벅스의 소확행

캠프에서 멀지 않은 곳에 '알 루와이스'라는 작은 도시가 있다. 밤이면 외곽의 석유화학 플랜트가 불야성을 이루고 굴뚝 꼭대기에서는 가스 불꽃이 너울너울 일렁인다. 한국으로 치면 군청 소재지 정도의 소도시지만 이 작은 마을에 스타벅스와 대형 쇼핑몰까지 들어와 있다. 주말이면 이곳으로 가서 커피를 마시고 쇼핑을 하는 루틴이 직원들의 소소한 힐링이다.

이곳 쇼핑몰은 마을 이름을 딴 '루와이스몰'이었다. 몰에 도착하자 입구에 있는 초록 인어가 반겨 준다. 사막 한복판에서 만나는 스타벅스는 단숨에 도심 속으로 순간 이동한 기분이 들게 했다. 참새 방앗간에서 커피를 마신 직원들은 '룰루' 하이퍼마켓으로 향했다. 2층에는 푸드코트와 볼링장도 있어 그나마 문화생활을 즐길 수 있다.

마트에서 일주일간 먹을 과일과 간식을 샀다. 한쪽에는 대추, 피스타치오, 믹스넛, 말린 과일을 파는 견과류 코너가 있다. 우리나라 쌀집처럼 대야에 한가득 진열되어 있고 킬로그램 단위로 팔았다. 시식도 가능했다. 이곳에

르와이스몰 스타벅스

르와이스몰 외관

올 때면 나도 로컬들처럼 둥근 통에 있는 대추를 그릇에 소복이 담아서 사곤 했다. 값도 싸고 이제 반 현지인이 되었기 때문이다.

기억을 담은 장바구니, 한국행 선물들

한국으로 휴가 갈 때가 되면 직원들은 룰루마켓에 들러 선물을 준비한다. 최애 아이템은 '랑네제 로열젤리'. 선물로 가장 인기 있는 스테디셀러다. 한국에 계신 어른들이 특히 좋아해서 선물로 실패한 적이 한 번도 없었다. 연유 같은 달콤한 맛에 꾸덕꾸덕한 질감, 고소한 풍미가 살아 있다. 먹을수록 몸이 좋아지는 기분도 든다. 꿀 병도 예쁘고 고급스럽게 생겨 선물로 좋다. 선물만 하다가 숙소에서 나도 한 통 먹어 봤는데 우유에 타 먹으니 더 맛있었다.

룰루마켓 풍경. 대추야자, 오트밀, 쌀 등 다양한 식재료를 판매한다.

다음 인기 아이템은 알키미아 '무당벌레 비누'였다. 처음에는 비누에 무당벌레 성분이 들어간 줄 알았는데 다행히도 무당벌레는 성분이 아니라 장식이었다. 포장지 귀퉁이 리본과 함께 붙어 있는 앙증맞은 무당벌레가 비누에 생기를 불어넣었다. 포장지도 화려하고 비누 향도 여러 가지여서 받는 사람마다 좋아했다. 정말 수제로 만든 것인지는 알 수 없지만 '이태리 핸드메이드'라고 쓰여 있어서 더 고급스러워 보였다. 한국으로 휴가 갈 때 부지런히 사다 날랐다.

'알리 카페 커피'도 단골 품목이다. 알리는 깔끔하고 고소한 쓴맛이 났다. 포장지에는 Tongkat Ali Ginseng(통캇알리 인삼)이 들어 있다고 적혀 있는데 한국에선 이 성분 때문에 수입이 금지되었다. 그런데 아이러니하게도 이 '금지'가 오히려 인기를 끌었다. 장인어른은 로열젤리, 장모님은 알리 카페를 좋아하셔서 갈 때마다 꼭 챙겼다. 이밖에 아랍어가 멋지게 쓰진 중동산 대추야자와 히말라야 수분 크림도 선물용으로 딱이다.

가끔 마켓의 매대가 이빨 빠진 옥수수처럼 듬성듬성 비어 있을 때가 있다. 휴가를 앞둔 사람들이 메뚜기떼처럼 몰려와 선반을 휩쓸고 간 흔적이다. 그래서 휴가 몇 주 전부터 시간을 넉넉히 두고 선물을 하나씩 모아야 한다.

이곳은 마트가 아니라 고향으로 가는 길목이었다. 이국의 마트 한복판에서 우리는 고향으로 향하는 마음을 쌓고 있었다. 카트를 끌며 물건을 고를 때면 자연스레 떠오르는 얼굴이 있다. 신세를 졌던 분, 고마운 사람들, 멀리 있는 가족들. 선물을 받고 기뻐할 모습을 상상하며 진열대에서 물건을 하나 더 꺼내 카트에 얹는다. 우리는 물건을 고른 것이 아니라 그리움과 감사를 담아 떠나는 마음을 조금씩 준비하고 있었다. 마음은 이미 한국에 가 있다. 휴가는 선물을 준비할 때부터 시작된다.

비닐 위의 고향, 루와이스 피시마켓

스타벅스와 하이퍼마켓이 있는 몰을 지나 마을로 들어가면 진짜 루와이스의 정취가 깃든 공간이 나온다. 바로 피시마켓이다. 루와이스 버스정류장 근처였다. 이름은 '피시마켓'이지만 실상은 생선뿐만 아니라 정육점과 과일가게까지 있는 종합시장이나 다름없다. 아랍에미리트는 바다가 지척이라 해산물이 늘 식탁의 주인공이다.

 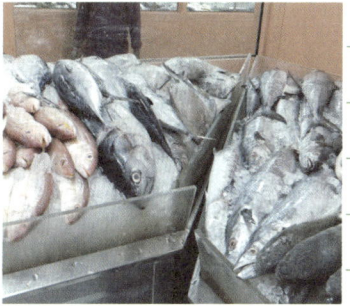

싱싱한 생선들이 진열되어 있고 상인들이 오징어와 생선을 손질하고 있다.

이곳 시장에는 한국의 회센터 초장 집과 비슷한 시스템이 있다. 생선이나 양고기를 구매하고 나면 이를 조리해 주는 옆의 식당으로 가서 먹는 식이다. 시장은 가성비도 좋고 로컬 주민들과도 자연스레 인사를 나눌 수 있는 곳이었다. 1인당 50디르함(약 1만 5천 원)만 모으면 푸짐하게 한 끼를 즐길 수 있다.

시장이라서 물건 값을 흥정하는 재미도 있고 동네 사람들로 북적이는 시골 장터 분위기도 나서 램찹이나 새우가 유독 땡기는 날이면 우리는 어김없이 이곳을 찾았다. 식육점 Al Ruwais Butchery에 가면 부위별로 다양한 양고기를 팔았다. 램찹용 고기를 주문하면 가장 부드러운 양고기를 먹기 좋게 자르고 손질해 주었다. 다음은 옆집 생선 가게로 간다. 그곳에는 대하 급 새우와 오징어 같은 신선한 수산물을 살 수 있다. 인심 좋은 로컬 사장은 흔쾌히 값을 깎아 주기도 하고 새우 몇 마리는 덤으로 얹어 준다. 통통한 새우는 한국 것보다 살이 올라있고 가격은 오히려 더 저렴하다. 껍질을 깨끗이 벗기고 내장까지 정성스레 손질해 준다.

장바구니가 가득 차면 우리는 바로 옆 고소한 연기가 피어 오르는 식당으로 향했다. 이름은 '알 샤비아트 레스토랑 Al Shabiyat Restaurant & Cuisine'. 동네 사람들이 삼삼오오 드나드는 시골 막걸리 집 같은 정겨운 풍경이다. 양

— 피시마켓 풍경. 시장 골목엔 정육점, 생선구이 전문점, 생선 판매점 등이 있다. 유리창엔 파리 끈끈이 덫이 붙어 있다.

고기는 '그릴'로, 오징어는 '스팀'으로 요리해 달라고 주문한다. 구워지는 30분 동안 군침이 돈다. 식당 안은 구수한 고기 굽는 냄새로 온통 진동한다.

드디어 기다리던 푸짐한 만찬이 상에 올랐다. 이곳 사람들은 방에 앉아 대화하며 먹는 것을 즐긴다. 우리도 로컬처럼 방바닥에 비닐을 깔고 둘러앉아 쟁반 가득 노릇하게 구워진 양고기와 새우를 마음껏 즐겼다. 단 하나 아쉬운 점이라면 하이네켄 대신 스프라이트라는 사실. 그래도 이날만큼은 모두가 생일날이다. 이국의 사막 끝자락에서 비닐 깐 바닥 위는 잠시 고향이 되어주었다.

MIDDLE EAST

6부

중동의 붉은 꽃

요르단

모든 게 멈춘 것 같았던 라마단이 끝나고 두 달쯤 지나면 '이드 알 아드하 Eld al adha, Feast of the Sacrifice (희생절)'라는 이슬람 최대의 명절이 찾아온다. 이 명절은 알라의 사도 아브라함이 아들 이스마엘을 제물로 바치려 했던 이야기에서 유래한다. 신의 명령 앞에 망설임 없던 그에게 천사 가브리엘이 아들을 대신할 숫양을 보내 주었다. 이를 기념하여 유래된 명절이다. 사막에서 섬처럼 지내는 직원들에게도 콧바람을 쐴 수 있는 3일간의 연휴가 주어진다. 연휴가 가까워지면 캠프는 추석이나 설을 앞둔 고향집처럼 한 템포 들뜬 분위기로 변한다. 모두가 여행을 계획하기 때문이다. 가족과 함께 생활하는 직원들은 가족 여행을 준비하고 캠프의 단신 부임자는 비슷한 처지의 동료들과 일정을 짠다.

가장 만만한 여행지는 바로 옆 동네 오만이다. 차만 있으면 자다가도 벌떡 일어나 갈 수 있는 곳이다 보니 언제나 1순위 후보다. 페르시아만을 따라 펼쳐진 해안도로와 소박한 마을 풍경이 매력적인 곳이다. 다음으로 인기 있는 여행지는 요르단이다. 같은 중동권이라 거리 부담도 없고 페트라와 와디럼 같은 명소 덕분에 역사와 자연을 동시에 즐길 수 있다. 동유럽은 졸업 여행처럼 긴 호흡의 코스다. 비행 시간이 제법 길고 체코나 헝가리 같은 곳은 가 볼 곳이 너무 많아 일주일 이상 여유 있게 돌아봐야 제맛이다.

결국 가장 무난하면서도 모두가 희망하는 '요르단'으로 목적지가 정해졌다. 같이 갈 사람을 찾다 보니 어느새 여섯 명이 모여 단체 여행이 되었다. 혼자 떠나는 여행엔 자유가 있고 함께하는 여행엔 웃음이 있다. 모든 여행은 즐겁다.

　요르단을 제대로 보기 위해서는 먼저 이 나라의 역사적 맥락을 짚어볼 필요가 있다. 요르단은 사막 위의 다리 같은 나라다. 서쪽으로는 요르단강과 사해를 사이에 두고 이스라엘과 약 240킬로미터 접해 있으며 북쪽은 시리아, 남쪽은 사우디아라비아와 맞닿아 있다. 남쪽 끝은 홍해와 연결되어 바다로 나가는 유일한 출구이자 관문이 된다.

　이러한 지리적 이점 덕분에 고대 나바테아 왕국의 수도 페트라는 동서 교역로의 요충지로 번영했다. 기원후 106년 페트라는 로마 제국에 편입되었고 이후 비잔틴 제국의 지배를 받으면서 기독교가 전파되었다. 그 시기의 유적과 성지들이 오늘날까지도 이 땅 곳곳에 남아 있다. 7세기 무렵 이슬람 세력이 비잔틴을 격파하면서 요르단은 이슬람 세계의 일부로 편입되었다. 그 뒤로 약 400년 가까이 오스만 제국의 지배를 받았다.

　제1차 세계대전이 끝나고 오스만 제국이 붕괴하자 이 지역은 잠시 영국의 위임통치령으로 들어갔다가 1946년 '요르단 하심 왕국'으로 독립했다. 현대사 속의 요르단은 언제나 중동 분쟁의 한가운데 있었다. 1948년 제1차 중동 전쟁에서 서안 지구와 동예루살렘을 차지했으나 1967년 전쟁에서 이스라엘에 영토를 다시 내주었다. 그러나 1994년에는 이스라엘과 평화조약을 체결하며 중동에서 중재자적 역할을 자처했다. 하지만 수많은 팔레스타인 난민과 그 후손들이 요르단에 정착해 살아가고 있어 이는 오늘날까지도 이 나라가 풀어야 할 과제로 남아 있다.

Amman
암만

암만 찍고 사해까지

시타델은 사람 이름이 아니었다

암만*Amman* 공항에 도착한 우리 '패키지 여행단'은 두 대의 렌터카에 나눠 타고 시내로 향했다. 창밖으로 혼잡한 차량과 분주한 인파가 뒤섞인 도시 풍경이 한눈에 들어왔다. 5천 년의 고도 암만은 '요르단의 심장'으로 불린다. 암만은 '일곱 개의 언덕으로 이루어진 도시*Seven Hills City*'라는 별칭처럼 구릉과 언덕으로 이루어져 있다. 우리는 도시 전체를 조망할 수 있는 가장 높은 언덕인 시타델*Citadel*로 올라갔다.

이곳에는 수천 년의 문명의 자취가 고스란히 남아 있었다. 언덕 중앙에는 이곳의 상징인 헤라클레스 신전 기둥 몇 개가 랜드마크처럼 우뚝 솟아 있고 비잔틴 교회와 초기 이슬람 왕궁의 흔적도 곳곳에서 볼 수 있었다. 언덕 아래로 보이는 로마 시대의 원형 극장은 거의 완전한 모습으로 원형을 간직한 채 현대의 주택가와도 자연스럽게 조화를 이루었다.

시타델 아래로 먼지 낀 회색빛 건물들이 빼곡한 언덕마다 과거와 현재의 풍경이 겹겹이 포개져 있었고 그 아래로는 이스라엘에서 피난해 온 팔레스타인의 난민촌이 자리하고 이슬람 사원과 기독교 교회가 나란히 서 있었다. 베두인의 전통 문화와 서구식 쇼핑몰이 공존하는 이 도시는 중동 현대사의 복잡한 단면을 고스란히 보여 주었다.

시타델을 내려오며 문득 에피소드 하나가 생각났다. 처음 해외여행을 갔을 때 나는 시타델이 특정 장소의 고유명사인 줄 알았다. 유명한 장군의 이름쯤 되는가 싶었는데 다른 나라를 가도 또 시타델이 있었다. 그리고 또 있었다.

그제야 뭔가 이상하다는 걸 눈치챘다. 알고 보니 시타델은 특정 지명이 아닌 고대 도시 방어를 위한 요충지를 뜻했다. 돌과 흙으로 쌓은 기초적인 요새부터 이슬람 양식과 로마 건축이 공존하는 복합 구조물까지 시대와 지역에 따라 그 형태도 다양했다. 카이로 시타델, 트리폴리 시타델처럼 많은 도시의 언덕 위에는 시타델이 있다. 마치 절에 있는 '대웅전'처럼 도시마다 있다. 방어 요새였던 이곳은 오늘날 여행자들에게는 최고의 전망대다. 그러니 관광 리스트에서 빠질 리 없었다. 하마터면 무식이 탄로 날 뻔했다.

언덕에서 내려온 뒤 우리는 도심으로 향했다. 암만 시내에

(위) 암만의 시타델. 2세기 로마 시대에 세위진 헤라클레스 신전 유적이 있다.
(아래) 시타델에서 본 암만 시내. 왼쪽엔 거대한 요르단 국기가 펄럭이고 오른쪽엔 이슬람 사원의 미나레트(첨탑)가 솟아 있다.

는 우리가 예전에 타던 스텔라, 엑셀 같은 추억의 국산 승용차들이 활주하고 있었다. 10~20년 전 한국의 시외 도로로 데려다 놓은 듯했다.

몇 십 년은 된 듯한 도로의 아스팔트는 반질반질 빛이 났다. 상가 간판은 온통 아랍어인데 우리 차 앞뒤로 달리는 건 모두 한국 차였다. 밖은 중동, 안은 한국. 나는 그사이 시간의 틈 어디쯤에 둥둥 떠 있는 듯한 기분이었다.

내 인생의 첫차였던 고양이 눈 아반떼도 이곳 어딘가를 달리고 있지 않을까? 요르단 여행은 결국 과거와 현재, 나와 세계가 겹쳐지는 시간여행이었다.

사해, 사해에 누워 신문 보기

✧

암만에서 사해Dead Sea 고속도로를 타고 서쪽으로 한 시간쯤 달리면 사해가 모습을 드러낸다. 푸른빛을 띤 수면이 굽이굽이 이어진 협곡 사이로 숨바꼭질하듯 반짝인다. 바람 불면 날아갈 듯한 길가 작은 상점에서 레드불 하나씩을 마신 뒤 우리는 갈 길을 재촉했다.

사해는 이스라엘과 요르단 사이에 걸쳐 있다. 양쪽에서 모두 접근이 가능하다. 이스라엘 쪽은 편의 시설이 잘 갖춰져 있지만 비용이 부담스럽다. 반면 요르단 쪽은 자연 그대로의 분위기와 훌륭한 가성비 덕분에 여행자들의 발길이 끊이지 않는다.

드디어 사해가 눈앞에 눈앞에 드러났다. 멀리서 바라본 사해는 거대한 호수처럼 잔잔했고 햇살을 받아 은은하게 빛나고 있었다. 처음엔 해안가 아무 데로나 들어가면 되는 줄 알았다. 하지만 전망 좋은 해변은 이미 프라이빗 비치였다. 다행히 퍼블릭 비치를 발견했다. 차들이 길게 줄지어 서 있는 곳이었다.

바다 가까이 다가가자 짠 내와 미네랄 향이 뒤섞인 공기가 코끝을 찔렀다. 해변가엔 반짝이는 하얀 소금 결정들이 몽글몽글 엉겨 있었다. 바닷물 속 미네랄이 쌓여 두툼한 소금층을 만들어 낸 것이다.

바닷물이 얼마나 짠지 궁금해 한 방울 맛을 봤다. 김장할 때 배추 절이는 간수는 마치 설탕물처럼 느껴졌다. 짠맛을 넘어 쓴맛이 느껴질 정도였다. 이 정도면 배추가 아니라 돌덩이도 절여질 것이다. 한 방울이라도 입에 들어가거나 눈에 닿으면 죽음이다. 나는 실눈을 뜨고 입을 앙다문 채 조심조심 물에 몸을 담갔다. 물속에 들어가자마자 피부에 미끈거리는 감촉이 퍼졌다. 얇은 기름막이 온몸을 감싼 듯한 느낌이었다. 힘을 빼자 몸이 둥실 떠올랐다. 사해 홍보 사진 속 우아한 모습을 기대했지만 현실은 삐걱거리는 나룻배였다.

사해에서 할 수 있는 건 수영이 아니다. 몸이 물 위에 둥둥 뜨는 체험, 그리고 인증샷과 머드팩. 우리는 조심스레 바다에 누워 신문 한 장을 들고 포즈를 취했다. 몇 번을 시도한 끝에 겨우 한 장의 사진을 건졌다.

사해는 일반 해수보다 염분 농도가 다섯 배나 높다. 해발

사해에 누워 신문 보는 여행자. 바다 바닥에는 검은 진흙펄로 가득하다.

-400미터 지구에서 가장 낮은 곳이다. 주변의 모든 물이 이곳으로 흘러든다. 공기 밀도가 높아서 그런지 숨 쉬기가 오히려 더 편하게 느껴졌다. 진흙은 미네랄이 풍부해 클레오파트라도 애용했다는 바로 그 머드팩의 원천이다. 해변은 어느새 진흙 여왕 놀이 삼매경에 빠져 있었다.

사해는 누구에게나 평등하다. 어른과 아이, 동양인과 서양인을 가리지 않는다. 마치 '사해동포주의(四海同胞主義)'를 실천하려는 듯 누구든 물 위에 둥실 띄운다. 처음 경험하는 사람들은 자신이 뜨는 모습에 어린아이처럼 신기해하며 즐거워한다. 물에 한 번도 떠 본 적 없던 사람도 아무런 노력 없이 둥둥 뜨니 신기할 수밖에 없다. 또 서로의 얼굴에 머드를 듬뿍 바르고 장난스러운 표정을 지으며 깔깔 웃는다.

체험을 마치고 돌아가려던 길목, 염분에 쓰러진 물고기 한 마리가 바다 위에 떠 있었다. 사해는 염도가 너무 높아 어떤 생명체도 살 수 없다.

요단강의 품 안에는 두 개의 호수가 있다. 하나는 갈릴리, 다른 하나는 사해이다. 같은 강줄기에서 태어났지만 두 호수의 운명은 너무도 달랐다. 갈릴리 호수는 물을 받아들이고 다시 흘려보낸다. 그 안에는 다양한 생명이 살아 숨 쉰다. 하지만 받기만 하고 쌓이기만 하는 사해에는 아무것도 공존하지 못한다.

우리의 삶도 다르지 않다. 움켜쥘수록 더 메말라가고 나눌수록 살아난다. 강물처럼 흘러 함께 나눌 때 우리의 삶도 더욱 풍요로워진다. 물고기처럼 떠오르는 삶은 이미 늦은 것이다.

Petra
페트라

나바테아인이 세운 고대 도시의 유적

사해의 머드팩이 정말 효과가 있었던 걸까. 아침에 일어나니 피부가 한층 팽팽해진 느낌이다. 그러나 그보다 더 설레는 건 오늘의 일정이었다.

드디어 이번 여행의 하이라이트 페트라*Petra*를 마주할 순간이 다가왔다. 사실 우리가 요르단까지 온 것도 결국은 이곳 페트라를 만나기 위해서였다. 페트라는 2천여 년 전에 붉은 바위산을 깎아 만든 붉은 장미의 도시다. 여행자라면 누구나 한 번쯤 꿈꾸는 '버킷리스트'의 단골손님이다. 이곳은 유네스코 세계문화유산이자 '세계 7대 불가사의' 중 하나로 꼽힌다. 이름만 들어도 가슴이 두근거렸다.

유네스코는 세계유산을 선정할 때 '탁월한 보편적 가치'를 기준으로 삼는다. 그런데 페트라는 무려 세 가지나 충족한

페트라의 관문, 붉은 절벽이 병풍처럼 서 있는 시크 협곡

다. 인류의 창의적 걸작, 사라진 문명의 역사적 가치, 인간과 자연의 조화. 페트라는 단순한 유적을 넘어 인류의 유산이라 불릴 만했다. 나바테아인_Nabataean_은 단지 멋을 부리기 위해 바위를 깎은 것이 아니었다. 절벽은 적의 침입을 막아 주는 천연 요새였고 바위에 새긴 신전은 영원히 변치 않는 신성의 집이었다. 그리고 낮과 밤의 극심한 온도 차를 견뎌야 하는 환경에서 바위는 이들에게 가장 적합한 삶의 터전이었다.

협곡 앞에 다다르자 우리는 마치 시간여행을 앞둔 사람들처럼 설렘으로 가득 찼다. 그 첫걸음은 바로 '시크_Siq_'라 불리는 좁고 긴 협곡에 발을 들이는 일이었다.

발을 내딛는 순간 서늘한 공기가 온몸을 감싸며 미지의 세계로 들어서는 듯 긴장감이 들었다. 거대한 바위산이 두 동강으로 갈라져 길이 생겼고 폭 1~2미터 남짓한 숨 막힐 듯한 협곡이 길게 이어졌다. 양옆으로 솟아오른 거대한 바위 절벽은 높이가 100미터는 되어 보였다. 풍경에 취해 한 걸음 한 걸음 나아갔다. 끝난 듯 이어지는 좁은 길, 머리 위 절벽 틈 사이로 실처럼 가느다랗게 하늘이 보였다.

협곡의 단면은 깨진 하트 모양처럼 생겼다. 거인이 양쪽에서 눌러 붙이면 틈 하나 없이 다시 딱 맞아떨어질 것 같았다. 약 1킬로미터쯤 걸었을까? 좁은 협곡 시크를 따라 걷다 보니 시야가 트이면서 장엄한 구조물이 나타났다. 바로 페트라의 상징 알카즈네_Al Khazneh_다. '보물창고'라는 뜻을 지닌 알카즈네란 이름과 달리 실제로는 왕의 무덤이거나 신을 위한 제단이었을 가능

페트라의 하이라이트. 붉은 절벽에 새겨진 알카즈네(보물창고)

성이 크다. 바위를 깎아 세운 높이 40미터의 파사드는 그리스와 동방의 양식이 절묘하게 어우러져 있었다.

놀랍게도 알카즈네 신전은 돌을 쌓아 올린 거대한 구조물이 아니라 한 덩어리의 암벽을 깎아 만들어졌다. 산 자체가 조각된 하나의 예술품이었다. 알카즈네는 하나의 건축에 그치지 않고 자연과 인간이 빚어낸 경이로움 그 자체였다. 그 순간 문득 한 문장이 떠올랐다.

"조각은 돌 속에 갇힌 생명을 해방하는 과정이다."

르네상스 시대의 미켈란젤로가 남긴 말이지만 나바테아인은 이미 그보다 1,500년 앞서 그 철학을 실천하고 있었다. 그들

알카즈네를 올려다본 장면. 나바테아인의 정교한 석조 기술과 다양한 건축 양식이 절묘하게 어우러져 있다.

은 미켈란젤로의 '다비드' 상보다 수십 배는 거대한 이 알카즈네를 암벽 속에서 깎아 내어 세상 밖으로 끌어 낸 선배 조각가들이었다. 신전을 꼼꼼히 살펴보면 2층에는 로마의 화려한 코린트 양식이 눈에 띈다. 민들레 잎을 닮은 아칸서스 무늬가 기둥머리를 장식하고 여섯 개의 기둥이 삼각형 천장을 떠받치고 있다. 그 중앙에는 죽음과 부활을 상징하는 여신 이시스의 조각상이 자리하고 있다.

원래 이집트 여신이었던 이시스는 지중해 전역에서 폭넓게 숭배되며 '모든 여신의 어머니'로 불리었고 덕분에 이 먼 페트라까지 출장을 온 셈이었다.

1층 역시 여섯 개의 기둥과 출입구가 나란히 배치되어 있는데 이는 메소포타미아 건축의 특징이다. 좌우가 완벽한 균형을 이루어 구조만으로도 권위와 질서를 느끼게 한다. 기원전 1세기에 지어진 이 신전은 이집트, 메소포타미아, 그리스와 로마 건축양식이 절묘하게 어우러진 작품이다. 알카즈네는 무덤 그 이상의 의미를 지닌 지중해 문명 융합의 결정체라 할 수 있다.

이토록 복합적인 문명이 황량한 사막 한복판에서 꽃피었다는 사실이 믿기지 않았다. 건축물보다 더 놀라운 건 그걸 만들어 낸 사람들이었다.

나바테아인. 그들은 누구인가? 원래는 서부 아라비아에서 유목 생활을 하던 부족이었지만 기원전 6세기경, 지금의 페트라 지역에 정착하며 눈부신 문명을 일구어 냈다. 그들은 메마른 땅을 돌과 물로 길들여 낸 그야말로 사막의 엔지니어이다. 시크 협곡에는 빗물을 모으기 위한 수로를 만들고 바위 군데군데엔 댐까지 만들어 물관리를 했다. 그 덕분에 메마른 사막에서 농사까지 가능해졌다.

또한 페트라는 고대 무역로인 '왕의 대로'의 최고 명당에 자리를 잡고 향신료, 유향, 비단이 오가는 국제 무역의 중심지로 성장했다. 기술력과 상상력 그리고 상업 감각까지 겸비한 사막 위 문명 개척자들이 바로 페트라의 주인 나바테아인들이었다.

왕의 대로 King's Way 는 요르단 홍해 연안의 '아카바'에서 출발해 시리아 '다마스쿠스'까지 남북으로 이어지는 약 500킬로미터의 고대 무역로를 말한다. 그 이름은 고대 에돔과 암몬 같

왕의 대로 경로(아카바-페트라-다마스쿠스). 고대 문명을 잇던 무역로이자 순례길로 사용되었다.

은 소왕국들을 이어주던 길에서 비롯된 것으로 전해진다. 그 길 한가운데 자리한 페트라는 마치 사막 위 고속도로 휴게소처럼 지친 상인들이 잠시 머물러 충전하는 쉼터였다.

아카바 항구에서 출발한 대상들은 향신료 자루를 낙타에 싣고 사막의 열기와 모래폭풍, 노상 강도들의 눈을 피해 묵묵히 북쪽으로 나아갔다. 페트라에 도착한 이들은 기름진 양고기 한 접시와 단잠 같은 휴식으로 체력을 회복한 뒤 다시 다마스쿠스를 향해 길을 나섰다.

마침내 목숨을 걸고 사막을 건넌 대상들이 다마스쿠스의 도매 시장에 도착하면 성대한 환대와 두둑한 돈방석이 그들을

페트라의 고대 원형 극장은 사암 절벽을 파내어 만든 것으로 1세기 초 건설되었으며 이후 로마인들에 의해 확장되었다.

기다렸을 것이다. 그들이 실어 온 물건들은 다시 지중해를 건너 로마 제국 전역으로 퍼져 나갔다. 왕의 대로는 단순히 물류 통로가 아니었다. 그것은 동방과 서방을 잇는 문명의 고속도로였다.

페트라 내부로 들어가면 산속이라기엔 믿기 어려울 만큼 광활한 공간이 펼쳐진다. 로마식 원형 극장과 왕족의 무덤이 차례로 모습을 드러내며 나바테아인의 숨은 왕국으로 성큼 들어선 듯하다.

가장 깊숙한 곳에는 바위를 깎아 만든 수도원 알데이르_{Al-Deir}가 있다. 알카즈네보다 규모가 크고 굵직한 선이 살아 있는 알데이르는 묵직한 남성적 기운을 풍긴다. 반면 섬세한 조각미

알데이르 사원은 페트라 내부 깊숙한 곳에 자리하며 알카즈네보다 훨씬 웅장한 규모를 자랑한다.

를 자랑하는 알카즈네는 한껏 여성스럽다. 같은 붉은 사암에서 태어났지만 두 건물은 전혀 다른 성격을 가진 사막의 쌍둥이 남매 같았다. 하나는 가는 붓으로 섬세하게 그려 낸 듯하고 다른 하나는 두꺼운 붓으로 과감하게 휘갈긴 듯한 느낌이었다.

알데이르로 가는 길은 가파른 바위 계단으로 이어졌다. 옆으로는 아이를 태운 당나귀가 능숙하게 계단을 올르고 있었다. 우리 패키지 여행단은 당나귀의 유혹을 뿌리치고 걸어서 온몸으로 페트라를 담았다.

다리가 뻐근해질 즈음 정상에 도착하니 작은 천막으로 된 찻집에서 베두인의 후예가 차 한 잔을 내어준다. 유리잔 너머로 멀리 보이는 바위산과 웅장한 협곡이 한 폭의 그림처럼 장엄했다. 전망대에 올라 붉은 협곡을 내려다보며 고대 나바테아인의 기운을 받아 본다.

페트라를 나와 근처 레스토랑에 앉아 시원한 스텔라 한 잔을 들이켰다. 사막 끝에서 마시는 맥주는 그 어떤 축배보다 깊다. 사해가 여행자의 몸을 띄워 주었다면 페트라는 마음을 투명하게 만들어 주었다. 붉은 협곡을 지나온 바람마저 담겨 있는 한 잔. 이보다 더 좋은 건 없었다.

Wadi Rum

와디럼

붉은 사막에서 백두인이 되다

페트라를 뒤로하고 붉은 사막 와디럼Wadi Rum으로 향했다. '사막의 붉은 꽃'이라는 별칭처럼 와디럼은 주변이 온통 붉은 사암과 붉은 모래로 이루어진 신비로운 땅이다. 두바이의 베이지색 사막과는 또 다른 강렬하고 독특한 기운이 감돌았다.

철분이 산화되어 만들어 낸 붉은 빛은 하루에도 몇 번씩 빛깔을 바꾸었다. 이런 풍경 덕에 이곳은 〈마션〉과 같은 수많은 SF 영화의 배경이 되었다.

와디럼 협곡에는 오래전 베두인들인 남긴 암각화들로 가득하다. 사막에서 양을 키우며 유목 생활을 해 온 베두인들은 와디럼을 신들의 발자취가 남은 신성한 땅으로 여겼다. 깊은 협곡과 사암 절벽에는 신들의 발자국이 남아 있다고 믿었고 그 믿음은 신화와 전설이 되어 오늘날까지 구전으로 전해지고 있다.

와디럼은 요르단 남부에 위치한 사막 지대다. 붉은 사암 절벽과 독특한 암석 지형은
수천 년 동안 바람과 침식이 빚어낸 작품이다. 베두인의 삶의 터전이자
영화 「아라비아의 로렌스」, 「마션」의 촬영지로도 유명하다.

와디럼의 붉은 사암 절벽에 새겨진 암각화에는 낙타, 가축, 사람의 형상이 남아 있어 고대 베두인들과 유목민들이 사용했던 사냥법, 그들의 이동 경로 및 생활방식을 유추해 볼 수 있다. 이는 수천 년 동안 이어진 사막의 삶과 문화 교류를 증언하는 인류학적 기록이다.

고대인들은 와디럼을 '신의 손이 닿은 땅'이라 불렀다. 바위 위에 동물과 수호자를 새겨 넣음으로써 눈에 보이지 않는 영적 세계와 소통하고자 했다.

늦은 오후 우리는 낡은 도요타 지프에 몸을 싣고 붉은 사막을 질주했다. 지프는 황량한 사막에도 정거장이 있는 양 주요 포인트마다 멈춰 섰다. 그중 가장 기억에 남는 곳은 브리지록 Bridge Rock 이었다. 수천 년의 바람과 시간이 깎아 낸 아치형 바위다. 아찔한 높이에서 아래를 내려다보는 순간 인간이 자연 앞에서 얼마나 작고 연약한 존재인지를 절감하게 된다. 해 질 무렵이 되자 지프들이 경쟁하듯 서쪽으로 질주하기 시작했다. 석양을 가장 아름답게 볼 수 있는 뷰잉 포인트로 향하는 것이었다. 우리도 전망 좋은 바위에 앉아 붉게 물든 사막 너머로 천천

붉은 모래 위를 절주하는 지프가 기나긴 모래먼지를 남기며 황혼의 빛과 뒤섞여 와디럼의 석양을 완성한다.

수천 년의 풍화가 만들어 낸 와디럼의 브리지록. 붉은 바위산과 사막 풍경 속에서 자연의 신비로움을 전한다.

히 지는 해를 바라봤다. 석양빛을 머금은 와디럼의 사암은 시시각각 색을 바꾸며 사막 전체를 붉은 화염처럼 물들였다. 황홀한 장면이었다.

어둠이 내리자 모두 캠프로 복귀했다. 캠프의 주방장은 베두인 전통의 자르브 Zarb 방식으로 저녁을 준비해 두고 있었다.

먼저 모래 구덩이를 파고 그 안에 숯불을 피운다. 숯불이 충분히 달궈지면 철제 그릴에 양고기와 채소를 올린 뒤 구덩이를 다시 모래로 덮는다. 모래 속에서 두세 시간 동안 천천히 익혀지며 부드럽고 깊은 풍미를 머금은 '사막식 훈제 양고기'로 완성된다. 사막에서만 맛볼 수 있는 베두인만의 특제 레시피다. 갓 꺼낸 고기는 두부처럼 부드럽고 채소에는 단맛이 났다.

밤이 되자 캠프 투숙객들이 하나둘 모닥불 주변으로 모여들었다. 블루투스 스피커에서는 음악이 나지막이 흘러나오고 긴 의자에 앉아 가족, 동료, 연인들과 별을 바라보며 사막의 특별한 밤을 즐겼다. 그때 캠프 직원이 베두인 전통 물담배 시샤 Shisha를 권했다. 왠지 이 사막의 밤과 잘 어울릴 것 같아 우리도 하나 주문했다. 어렵게 끊은 담배가 떠오를까 잠깐 망설였지만 사막의 낭만을 놓칠 수 없었다.

시샤 향은 여러 가지가 있지만 커피가 아메리카노라면 시샤는 애플이 진리다. 베두인처럼 삐딱하게 의자에 기대앉아 한 모금 들이켰다. 시샤 통 위에선 숯이 빨갛게 타올랐고 아래 물통에서는 뽀글뽀글 거품이 올라온다.

시샤는 입으로만 살짝 빨아선 안 된다. 심호흡하듯 들이마

와디럼 사막의 밤하늘. 불빛 하나 없는 사막의 하늘은 온통 별들로 가득하다. 끝없이 쏟아지는 별빛 아래에서 인간은 한 점 먼지 같은 존재임을 실감한다.

셔야 진한 연기가 퍼진다. 처음엔 서툴렀지만 곧 향긋한 사과 향이 입안 가득 퍼졌다. 몇 번 들이마시다 보니 과거의 본능이 슬쩍 고개를 들었다. 결국 화염을 내뿜는 용처럼 연기를 뿜어냈다. 사과 향 가득한 수증기가 와디럼의 밤하늘로 천천히 퍼져 나갔다.

  밤이 깊어지자 사람들도 하나둘씩 숙소로 들어가고 모닥불도 서서히 사그라들었다. 불빛 하나 없는 사막엔 별빛이 더욱 또렷이 살아났다. 저마다 크기도, 밝기도 다른 별들은 하늘뿐만 아니라 지평선 가까이에서도 반짝였다. 칠흑 같은 어둠 속, 나는 그 은하수에 잠긴 기분이었다. 하늘과 사막의 고요 속에서 문득 우주의 작은 먼지 같은 존재라는 생각이 들었다.

  그렇게 나는 별빛과 바람 사이를 유영하는 백(白)두인으로 거듭났다. 사막이 내 안에 들어오고 나는 그 안으로 천천히 스며들었다.

이슬람 문화
양고기와 돼지고기

식탁에서 사랑받는 고기

양고기는 중동에서 가장 흔하면서도 사랑받는 고기다. 현지 식육점에 가 보면 붉은 조명이 비치는 유리 진열장 안으로 양고기가 그득하다. 한국이라면 소고기나 돼지고기가 놓여 있을 로열석에 양갈비가 떡 하니 자리를 차지하고 있다. 그 주위로는 등심, 다리살, 내장 같은 부위가 가지런히 놓여 있다.

양고기는 사육 기간에 따라 이름도 달라진다. 1년 정도 자란 어린 양은 램 Lamb, 2년 이상 자란 양은 머튼 Mutton 이라고 부른다. 특히 어린 양의 갈비 부위를 구워 낸 램찹 Lamb chop 은 부드럽고 입에서 살살 녹기로 유명하다.

머튼은 닭으로 치면 노계(老鷄)쯤 된다. 주로 삶거나 찜, 스튜 요리에 쓰이고 가격도 저렴한 편이다. 중동에선 향신료 밥 위에 머튼을 얹은 비리야니 Biryani 가 흔한 메뉴이고 머튼을 고은 국물을 서비스로 주기도 한다.

양은 낙타와 함께 중동 지역의 대표 가축이다. 사막과 초원에 적응하며 베두인의 삶을 지탱해 온 든든한 동반자다. 종교적으로는 신에게 바치는 제물이기도 하다. 제사 후에는 가족과 이웃, 가난한 사람들과 나누어 먹는다. 양고기는 일상적인 식재료를 넘어 고대부터 이어진 생존의 기억이자 나눔과 연대의 미학이다.

아부다비에서 양고기를 맛보고 싶다면 레바논식 레바니즈 플라워 Lebanese Flower 나 이집트식 아부 샤크라 Abu Shakra 가 대표적인 식당이다. 양고기는 조리 방식에 따라 특유의 향이 도드라질 수 있어 호불호가 갈리지만 이 두 식당은 그런 걱정을 덜어 준다. 외국인은 레바니즈 플라워를 한국인은 아부 샤크라를 선호한다. 짜장면이냐 짬뽕이냐를 고르듯 그날의 기분이 발걸음을 이끈다.

진짜 맛집은 늘 알려지지 않은 곳에 숨어 있다. 캠프에서 한 시간 반쯤 떨어진 '그린가든'이라는 허름한 식당이 있었다. 마당 한편 숯불 화덕에서 고기가 지글지글 익어 가고 땀에 젖은 종업원들은 밝은 얼굴로 눈인사를 건넸다. 노릇노릇한 램찹은 입안에서 '살살' 녹았다. 그날 고기가 녹는다는 말의 의미를 온몸으로 실감했다. 함께 일했던 동료들과 지금도 그 이야기를 꺼낸다. 물론 고기도 훌륭했지만 그 램찹에는 낯선 땅에서의 고단함을 덜어 주는 푸근한 위로가 배어 있었는지도 모른다. 그날 먹은 고기의 맛은 그 시절 우리의 웃음과 피로, 그리고 인연이었다.

식탁에서 사라진 고기

하지만 중동의 식탁에 없는 고기가 하나 있다. 바로 돼지고기다. 돼지고기는 단지 기호의 문제가 아니라 이슬람 사회에서 가장 철저히 금지된 음식이다. 《코란》에서도 명확히 금지된 음식으로 규정되어 있다.

> "믿는 자들이여, 하나님께서 너희에게 부여한 양식 중 좋은 것을 먹되 하나님께 감사하고 그분만을 경배하라. 죽은 고기와 피와 돼지고기를 먹지 말라. 그러나 고의가 아니고 어쩔 수 없이 먹을 경우에는 죄악이 아니라고 했으니 하나님은 진실로 관용과 자비로 충만하신 분이니라."
>
> (코란 2장 172~173절)

이처럼 종교적인 이유 외에도 중동의 자연 환경도 이 금기의 배경이 되었다. 더운 기후 탓에 돼지고기는 쉽게 상하고 보관이 어려웠다. 반면 낙타나 양은 오래 보존이 가능했다.

돼지는 양에 비해 젖, 가죽, 털을 얻기 어려울 뿐 아니라 새끼는 많이 낳지만 손이 많이 가서 기르기가 어렵다. 이런 생태적 불리함도 금기의 원인 중 하나였을 것이다. 결국 돼지고기 금기는 신의 명령이자 환경과 생존이 빚어 낸 지혜였다.

두바이는 외국인이 다수를 차지하는 대표적인 국제 도시다. 대형마트의 한편에는 논무슬림_Non-Muslim_ 전용 코너가 따로 마련돼 있어 그곳에서 돼지고기를 구입할 수 있다. 주말이면 취사가 가능한 호텔 아파트먼트에 모여 동료들과 식사를 나눈다.

사막 한복판에서 삼겹살을 구워 먹는다는 사실만으로도 이방인에겐 가슴 벅찬 위로다. 낯선 땅에서의 그 한 접시가 하루의 피로를 달래고 다시 일상으로 나아갈 힘이 된다.

'무엇을 먹는가'는 곧 우리가 누구이고 어디에 속해 있는지를 말해 준다. 그리고 식탁 위 음식은 삶의 방식과 기억을 담은 거울이다. 그 안에는 우리가 살아온 방식과 지역의 자연 환경, 종교적 신념, 공동체의 기억이 오롯이 담겨 있다.

양고기와 돼지고기를 둘러싼 존재와 부재의 풍경 속에서 우리는 다름을 이해하고 공존을 배웠다. 서로 다른 삶의 방식을 존중하는 식탁은 우리가 함께 살아가는 방식을 가장 잘 보여 주었다.

MIDDLE EAST

7부

폐허 속에서도 노래하는 나라

레바논

Beirut

베이루트

한때 중동의 파리였던 곳

백향목과 삼겹살을 따라서

여행을 떠나는 이유는 때로 아주 사소한 데서 비롯된다. 회사 전산실에서 서버 점검을 오던 IBM 엔지니어와 친해진 적이 있다. 그는 자기 나라에 유명한 나무가 있다며 국기에 그 나무가 그려져 있다고 했다. 검색해 보니 국기 한가운데 초록색 나무가 떡 하니 자리하고 있었다. 그 나라가 바로 레바논이었다. 레바논의 백향목*Cedar*은 고대 이집트와 메소포타미아 시대부터 신전과 궁전을 지을 때 사용되던 '지중해의 명품 목재'였다.

한국 음식이 그리울 때면 두바이의 '궁'이라는 한국 식당을 찾아가서 삼겹살을 먹곤 했다. 그런데 그 식당이 자리 잡은 호텔 이름이 비블로스*Byblos*였다. 비블로스라는 단어의 어감이

레바논의 정체성을 상징하는 백향목. 수천 년 동안 이 지역의 역사와 문화를 함께해 오며 오늘날에도 레바논의 상징으로 자리하고 있다.

백향목이 새겨진 국기를 흔들며 응원하는 축구 팬들

신비롭게 느껴져 검색해 보니 바로 레바논의 고대 도시 이름이었다.

이처럼 작고 사소한 인연과 호기심이 우리를 결국 레바논으로 이끌었다. 어쩌면 인생을 바꾸는 건 거창한 결심이 아니라 스쳐 지나가는 일상일지도 모른다. 언제나 그렇듯 여정의 시작은 늘 소박하다. 백향목 이야기와 비블로스 호텔이 우리 여행의 출발점이 될 줄은 그때는 몰랐다.

심대리와 나는 아부다비를 지나 두바이를 거쳐 북부 지역 샤르자로 향했다. 베이루트Beirut로 가기 위해선 이곳에서 출발하는 에어 아라비아를 타야 했다. 레바논엔 한인 여행사가 없었기에, 현지 여행사 나칼Nakhal의 투어 상품을 예약해 두었다.

베이루트에 도착한 첫날 우리는 짐을 숙소에 맡기고 도시를 직접 걸어 보기로 했다. 12월이었지만 선선한 바람이 불어 걷기 좋은 날씨였다. 베이루트의 첫인상은 낯설면서도 분위기가 차분했다. 비수기라 그런지 관광객은 드물고 거리에 총을 멘 검은 베레모의 군인들만 간간이 눈에 띄었다.

도시 곳곳의 총탄 자국과 붕괴된 건물들은 처음엔 눈에 거슬렸지만 시간이 지나자 오히려 궁금증을 자아냈다. '잊지 않으려는 몸부림일까, 아니면 아직 아물지 못한 상처일까?'

한때 베이루트는 아랍권 지식인과 예술가들이 모여들던 문화의 수도였다. 문인들이 카페에 모여 글을 쓰고 프랑스어 신문이 발간되던 세련된 도시였다. 또한 중동 부유층의 자금이 몰려드는 금융 중심지로 '중동의 스위스'라 불리기도 했다.

우리가 먼저 찾은 곳은 로마 시대 목욕탕이었다. 정부 청사 뒤편 경사면 아래 철조망 너머로 드러난 유적은 1960년대 중동-이스라엘의 전쟁 당시 폭격으로 우연히 발견된 곳이라고 했다. '유적 발굴에도 참 다양한 방법이 있구나.' 처음에는 농담처럼 들렸지만 전쟁과 내전이 일상이 된 이곳에서는 충분히 그럴 듯한 이야기였다.

레바논 내전의 뿌리는 제1차 세계대전 이후 프랑스 위임통치 시절로 거슬러 올라간다. 1920년 아랍 민족주의자들이 독립을 요구하며 봉기하자 프랑스는 이를 무력으로 진압했다. 그리고 기독교 마론파를 중심으로 한 '대레바논국'을 시리아에서 분리해 세웠다. 그 배경에는 레바논을 서유럽 문화의 교두보로 삼고 프랑스식 질서를 주입하려는 의도가 깔려 있었다. 이렇게 형성된 국경선 안에서 기독교, 이슬람 수니파와 시아파 등 다양한 종파가 인위적으로 묶여 살게 되었고 이는 훗날 국가의 불안정성을 낳는 주요 원인이 되었다.

1943년 독립 이후에도 레바논의 권력은 종교별로 나뉘어 분점되었다. 대통령은 다수의 마론파가, 총리는 수니파 무슬림이 맡는 식이었다. 그러나 이는 프랑스가 설계한 정치 구도의 연장선에 불과했다. 시간이 흐르면서 시아파 인구가 증가하자 권력의 재분배를 요구하는 목소리가 거세졌다. 이 와중에 1970년 요르단에서 축출된 팔레스타인 무장 세력이 유입되고 이스라엘과 아랍 국가들이 개입하면서 1975년 내전이 발발하게 되었다.

이후 종파 간 균형은 극도로 민감해졌다. 그 결과 레바논

베이루트 도심에 남아 있는 로마 시대 공중 목욕탕 유적.
바닥을 데웠던 난방 장치가 잘 보존되어 있다.

은 1932년 이후 오늘날까지도 공식적인 인구조사를 하지 못하고 있다. 숫자가 곧 권력 분배의 근거가 되기 때문이다. 현재의 정치적 불안정성은 프랑스의 식민지 시절의 유산과 무관하지 않다. 진정한 평화는 외부에서 주는 것이 아니라 스스로의 힘에서 비롯된다.

　　목욕탕은 의외로 잘 보존되어 있었다. 바둑판처럼 배열된 수백 개의 벽돌 기둥은 바닥 난방 시스템의 흔적이었다. 이곳은 온탕과 냉탕, 운동 시설, 도서관까지 갖춘 복합문화공간의 역할을 했다. 당시 베이루트는 로마 제국의 대표적인 법학 중심지였다. 이곳에서 활동한 법학자들의 저작과 해석은 6세기 동로마 유스티니아누스 황제 시대에 편찬된 《유스티니아누스 법전》에 대거 인용되었다. 이 법전은 훗날 유럽 법 체계의 기초가 되었으며 근대 민법의 뿌리로 자리 잡았다.

이처럼 목욕탕은 단순히 씻는 행위를 넘어선 공간이었다. 철학과 법률을 논하는 공론장이자 제국 전역에서 모여든 법률가들이 이곳에서 피로를 풀며 토론을 벌인 학문적인 무대였다. 베이루트의 목욕탕은 곧 로마 문명의 축소판이었다.

유럽의 기원, 에우로페

다음 목적지는 로마 목욕탕에서 도보로 20~30분 거리에 있는 베이루트 국립박물관이었다. 베이지색 외관의 소박한 건물이었지만 안은 고대의 보물창고와도 같았다. 특히 눈길을 끈 것은 페니키아 문명과 관련한 유물이었다.

페니키아인은 기원전 15세기경 오늘날 레바논과 시리아, 이스라엘 북부에 해당하는 레반트 해안에 등장한 해양 민족으로 지중해를 누비며 항해와 무역을 통해 문명을 전파했다. 페니키아는 자주색 염료의 명산지로 유명했는데 '페니키아_Phoenicia_'라는 이름 자체가 그리스어로 '자주색'을 뜻한다.

페니키아인들은 인류 문명사에 두 가지 빛나는 유산을 남

제우스가 황소로 변해 에우로페를 유혹하고 납치하는 장면(벽화)

겼다. 지중해를 누비며 해양 항해술과 상업 문화를 확산시켰고 알파벳의 기원이 된 문자를 만들어 후대 문명에 깊은 영향을 끼쳤다. 그들의 발자취는 오늘날 박물관 곳곳에서 생생히 확인할 수 있다.

1층 안쪽으로 들어가니 우측에 낯익은 장면이 새겨진 조그마한 석판이 걸려 있어 반가움이 앞섰다. 황소가 한 젊은 여성을 태운 채 하늘을 날고 있는 그림이었다. 어린 시절 에우로페_Europe_라는 단어를 왜 '유럽'이라고 읽는지 궁금했었는데 그 답이 바로 이 석판 속에 있었다.

이 장면은 그리스 신화 속 에우로페 공주의 이야기다. 페니키아 왕국의 공주였던 그녀는 해변에서 놀다가 황소로 변신한 제우스에게 납치되어 크레타섬으로 향한다. 그 만남은 크레타 문명의 신화적 기원이 되었고 훗날 유럽_Europe_이라는 이름의 상징적 출발점으로 자리 잡았다. 페니키아의 공주가 그리스 신화 속에서 유럽 문명의 뿌리가 된 셈이다.

흥미로운 점은 고대 그리스인들이 자신들의 기원을 동방에서 찾고 싶어 했다는 사실이다. 그 흔적이 바로 에우로페 신화다. 당시 페니키아인들은 지중해 지역에서 그리스와 활발히 교류했고 그리스의 문자 역시 페니키아 문자를 토대로 만들어졌다. 그리스 문명은 페니키아의 문자와 항해술, 교역 문화를 받아들이며 성장했고 이는 다시 로마와 유럽 전역으로 확산되었다. 결국 작은 해안 도시에서 출발한 페니키아의 유산은 그리스 문명을 거쳐 유럽 전체의 토대가 되었다. 문명은 고립 속에서가 아니라 교류와 차용 속에서 성장한다는 사실을 엿볼 수 있는 대목이다.

이렇듯 고대 유럽인들에게 페니키아는 신비로운 동방의 땅이었고 신화 속 무대로 자주 등장했다. 디오니소스를 비롯해 페니키아 혈통으로 묘사된 인물이 신화 속에 종종 등장하는 것도 그 때문이다. 베이루트 박물관 한쪽 벽의 작은 석판은 그 긴 여정을 증언하고 있었다.

숨겨진 지하 세계, 제이타 동굴

둘째 날은 예약해 둔 나칼 여행사 단체 투어에 합류했다. 투어 참여 인원은 스무 명쯤이었는데 대부분 서양인이었고 동양인은 우리 둘뿐이었다. 이날 일정은 베이루트 외곽의 동굴을 둘러본 후 바알벡으로 가는 것이었다. 우리는 방문지에 대해 사전 정보가 전혀 없었다. 그래서 동굴 체험이 그냥 구색 맞추기용 코스인가 하는 생각이 들었고 현지 패키지의 '입구만 보고 나오는 코스' 정도로 생각했다. 하지만 우리가 향한 곳은 레바논을 대표하는 자연유산 제이타 석회동굴 *Jeita Grotto*이었다. 이곳은 상층과 하층, 두 개의 동굴로 이루어진 태고의 신비를 간직한 공간이었다.

가이드는 우리를 상층으로 안내했다. 입구를 지나 한참을 걸어 들어가자 예상치 못한 광경을 마주했다. 그저 종유석을 구

제이타 상부 동굴. 수천 년에 걸쳐 형성된 종유석과 석순이 거대한 자연의 궁전을 만든다.

경하는 작은 동굴 체험 정도로 생각했는데, 자연이 만든 거대한 신전이 눈앞에 열렸다. 종유석과 석순, 환상적인 암석들이 어우러져 대성당에 들어선 듯 장엄하고 경이로웠다. 마치 고딕 성당의 뾰족한 첨탑처럼 종유석과 석순이 하늘을 찌르듯 자라고 있었다. 뻥 뚫린 내부는 축구장이 들어설 만큼 큰 광장이 있었고 종유석이 커튼처럼 주위를 감싸고 있었다.

제이타 동굴은 수백만 년 동안 지하수가 석회암을 깎아내며 만들어졌다. 빗물과 강물이 석회암을 녹이며 동굴을 점점 더 확장시켰다. 이는 자연이 레바논에 선물한 지질학적 유산이었다.

상부 동굴을 둘러본 뒤 우리는 곧장 하부 동굴로 향했다.

제이타 하부 동굴. 청록빛 지하 호수와 종유석이 어우러져 신비로움을 더한다.

이곳에서는 보트를 타고 동굴을 천천히 한 바퀴 돌았다. 동굴은 서늘했고 종유석에서 떨어지는 물방울은 맑은 종소리처럼 고요 속에 울려 퍼졌다. 동굴 내부에는 수십 척의 보트가 오갈 수 있을 만큼 넓은 지하 호수가 자리해 있었다.

그 장관을 마주하니 마치 지하에 또 다른 세계가 펼쳐진 듯했다. 보트 아래로는 에메랄드빛 물결이 찰랑거렸고 천정에는 물그림자가 춤을 추듯 일렁였다. 보트가 천천히 미끄러지듯 나아가자 천정에서 물방울이 가끔 머리 위로 떨어졌다. 물방울을 맞으면 행운이 따른다기에 한 방울이라도 더 맞아 보려고 남들 모르게 머리를 쭈뼛거려 보았다.

하부 동굴은 영화에서나 볼 수 있는 환상적인 지하 세계였다. 눈앞의 장관에 BGM처럼 팝송 〈Take my breath away〉가 머릿속에서 울려 퍼졌다.

이처럼 아름다운 자연이 빚어 낸 이 지하 신전은 레바논이 지닌 전쟁과 갈등의 이미지에 가려져 제대로 빛을 보지 못하고 있었다. 기대하지 않았던 만큼 감동은 오히려 배가되었다.

자연은 끊임없는 영속성을 보여 준다. 침식과 풍화는 석회암을 동굴로 빚어 냈고 수천 년 전의 별빛은 오늘 우리의 눈에 닿는다. 그에 비하면 인간의 문명은 덧없다. 한때 위대했던 바알벡의 신전조차 붕괴와 쇠락을 피하지 못했다. 자연 앞에서 문명은 유한하고 무상하다.

그럼에도 우리가 유적 앞에서 감동하는 이유는 돌 속에 남은 인간의 숨결 때문이다. 찰나의 생을 살면서도 영원을 꿈꾸던 손길이 돌기둥에 남아 있다. 우리가 마주한 것은 돌덩이가 아니라 그 위에 새겨진 인간의 속삭임이었다.

그리스 파르테논 신전보다 웅장한 바알벡 신전

바알벡은 세계 최대의 로마 신전이 남아 있는 곳이자 동지중해 문명의 흐름이 차례로 덧입혀져 있는 살아 있는 역사 무대다. 기원전 1000년경 페니키아 시대, 이곳의 가나안족들은 바알 신을 숭배하며 성소를 세웠다. 이후 헬레니즘 문화가 들어오면서 토착 신앙은 태양신 주피터와 융합하며 '헬리오폴리스(태양의 도시)'로 불렸다. 로마 제국 시기에는 제국 전체에서 가장 장대한 신전이 세워졌고 비잔틴 시대에는 신전이 폐쇄된 뒤 교회가 들어섰다. 이슬람 시기에는 요새로 변모했다.

동굴에서 출발한 버스는 두 시간 거리의 바알벡으로 향했다. 창밖으로는 거친 바위산과 건조한 갈색 능선이 이어지고 산비탈에는 양 떼가 풀을 뜯고 있었다. 버스는 1,500미터에 이르는 레바논 산맥의 구불구불한 산길을 따라 험준한 산맥을 넘어갔다.

바알벡의 중심은 로마 신전군이다. 아우구스투스 황제는 이곳을 교역의 요충지이자 제국의 권위를 과시하는 전략적 거점으로 삼았다. 신전은 단순한 종교적인 공간에 머물지 않았다. 피정복민의 토착 신앙을 흡수해 로마의 질서 속에 편입시키려는 제국의 장치였고 동시에 다양한 문화와 종교를 포용하며 통합을 강화하는 도구였다. 신전은 태양신의 이미지까지 흡수하며 동방의 종교 중심지로 자리 잡았다.

이곳에는 주피터, 바쿠스, 비너스 세 개의 신전이 있다. 주피터 신전은 기둥 한 개의 높이가 20미터, 무게가 100톤이 넘는 건축물로 지금은 기둥 여섯 개만 남아 있지만 과거의 위용을 짐작하기에 충분했다. 옆의 바쿠스 신전은 지붕을 제외하면 거의 완벽하게 남아 있으며 문틀에는 술의 신을 기리는 듯 포도넝쿨이 정교하게 새겨져 있다. 신전 한가운데 서서 양팔을 펼치고 눈을 감았다. 순간 온몸에 전율이 느껴졌다. 시간을 거슬러

바알벡 유적의 장엄한 전경. 왼쪽은 바쿠스 신전, 오른쪽으로는 주피터 신전이 있다. 로마 제국 시기 최대 규모 신전의 흔적이다.

바알벡의 바쿠스 신전. 세계에서 가장 잘 보존된 로마 제국 신전 중 하나다.

고대 로마 시대 한복판에 서 있는 듯했다. 돌기둥을 손바닥으로 쓸어 보았다. 로마의 장인이 정으로 쪼은 흔적이 손바닥에 그대로 와 닿았고 그 기운은 손끝을 타고 온몸으로 전해졌다.

바쿠스 신전은 고대 로마 신전 중에서도 가장 완전한 형태를 간직한 곳이다. 그리스·로마 문명의 생생한 숨결을 느끼고 싶다면 아테네보다 바알벡을 먼저 떠올려도 좋을 것이다.

그리스의 파르테논 신전을 방문했을 때 약간 실망했던 기억이 있다. 물론 유네스코의 로고로 사용될 만큼 위대한 유적임은 틀림없다. 그러나 수많은 관광객의 줄에 떠밀려서 아크로폴리스 언덕으로 올라갔지만 유적지 앞에는 출입 금지 표지판이 곳곳에 붙어 있었다. 크레인이 군데군데 박혀서 복원 공사를 하고 있었던 것이다. 결국 나는 건물 안쪽에는 들어가지도 못하고 멀리 외부에서 사진을 찍는 게 전부였다. 고대 그리스 역사의 현장에 가 본 것만 해도 감격스러운 일이었지만 아쉬움이 많았다.

이에 비해 바알벡의 신전은 달랐다. 파르테논이 앙상한 기둥 몇 개만 남은 반면 이곳 신전은 거의 원형에 완벽에 가까운 모습을 간직하고 있었다. 포토 라인에 막힌 파르테논과는 반대로 아무 제한 없이 내부까지 자유롭게 들어갈 수 있었다. 입주 전 새집 점검하듯 신전 구석구석을 꼼꼼히 살피고 부조를 쓸어 보며 그 질감까지 고스란히 손끝에 담아 두었다. 이토록 가까이서 유적을 마주하는 경험은 흔치 않았다.

바알벡 신전은 로마 제국 시절 최대의 성소로 발전했지만 4세기 기독교가 공인된 이후 폐쇄되었다. 테오도시우스 황제는 신전 앞 제단을 허물고 기독교 교회를 지었다. 그 후 제국의 흥망성쇠와 지진으로 신전은 무너져 폐허가 되었다. 이슬람 시대에는 군사적 요새로 사용되기도 했다. 현재의 모습은 유적이 복원되어 비교적 원형의 모습이 갖춰진 것이다.

바쿠스 신전의 대표적인 포토 포인트는 '클레오파트라 페디먼트'다. 페디먼트는 고대 신전의 삼각형 지붕 하단을 장식하던 조각을 말한다. 이 조각은 지진으로 무너져 현재는 바닥에 놓여 있다. 페디먼트에는 상반신이 누드인 클레오파트라가 뱀을 움켜 쥐고 있는 모습이 새겨져 있다. 프레오파트라 가슴에는 호기심 많은 관람객의 손때가 묻어 있었다.

클레오파트라는 기원전 30년, 로마의 초대 황제 아우구스투스에게 패한 후 코브라에게 물려 생을 마감했다고 전해진다. 이 사건은 이집트 프톨레마이오스 왕조의 몰락과 로마의 승리를 의미하는 역사적인 한 장면으로 남았다.

나는 클레오파트라 조각상 앞에서 한 외국인 청년에게 사진을 부탁했다. 그는 갸웃하며 물었다. "왜 여기에서 찍으세요?" 내가 웃으며 답했다. "이분이 바로 클레오파트라예요." 그 순간 청년은 화색이 돌더니 소리를 지르며 친구들을 불러 모았다.

신전의 여운을 간직한 채 돌아서려던 순간, 가이드가 지나가듯 언급했던 장소가 문득 떠올랐다. 바로 '임산부의 바위'였다. 신전 근처 채석장에는 거대한 화강암 사각 기둥이 있었다. 무려 1천 톤짜리 거석으로 건축용 자재 중 세계에서 가장 큰 규모라고 했다. 이집트의 오벨리스크가 돌로 만든 것 중 최대인

줄 알았는데 고작(?) 300~400톤밖에 되지 않는다고. 아마 가이드가 설명했는데 허투루 들었거나 계속된 영어 설명에 집중력이 흐려졌던 듯하다. 이번 실수는 즉흥적인 여행도 묘미지만 사전 준비는 필수라는 기초적인 교훈을 다시 한 번 상기시켜 주었다. 사진으로 만족해야 했다.

결국 바알벡은 하나의 유적을 넘어 페니키아의 신앙, 헬레니즘의 문화, 로마의 기술과 권력, 기독교의 흔적이 켜켜이 쌓인 문명사적 현장이었다. 문명은 사라지는 것이 아니라 얼굴을 바꿔가며 계속 이어졌다. 바알벡의 거대한 돌기둥에도 겹겹의 시간과 이야기가 담겨 있었다.

TMI. 헬리오폴리스의 기원

바알벡은 본래 페니키아의 풍요의 신 바알$_{Baal}$ 을 모시던 성지였다. 벡$_{Bek}$은 '성소'를 의미하며 바알벡은 '바알의 성소'란 뜻이다. 기원전 4세기, 알렉산드로스 대왕의 정복 이후 바알은 그리스의 태양신 제우스 헬리오스와 동일시되며 융합되었다. 그 무렵부터 도시는 헬리오폴리스$_{Heliopolis}$(태양의 도시), 즉 태양의 도시로 불리게 된다. 로마 시대에는 제국의 공식 종교 중심지로 격상되었고 오늘날 우리가 마주하는 장대한 신전군은 이 시기에 지어진 것이다.

비블로스

지붕 없는 페니키아 박물관

성경과 알파벳의 고향

두바이 비블로스 호텔에서 출발해 우리의 여정은 드디어 레바논의 하이라이트인 비블로스로 향했다. 이 도시는 7천 년의 역사를 품은 가장 오래된 도시 중 하나로 손꼽힌다. 고대 그리스인들은 이 지역을 '페니키아'라 불렀고 항구 도시였던 이곳을 비블로스라 불렀다. 이름뿐이던 호텔 간판이 현실 속 지명이 되었다.

비블로스는 고대 해상무역의 요충지였다. 이집트의 파피루스를 수입하여 그리스 등지에 팔고 레바논의 백향목을 이집트에 수출했다. 이 과정에서 파피루스를 뜻하는 그리스어 '비블로스'가 도시 이름이 되었고 파피루스에 성경이 기록되면서 훗

세계에서 가장 오래된 항구 도시 비블로스.
고대 페니키아 문명과 지중해 교역의 중심지였다.

지중해를 마주한 비블로스 고대 유적지 전경. 돌기둥, 성벽의 흔적이 남아 있다.

날 'Bible(성경)'이라는 단어가 탄생했다.

항구의 상인들은 무역이 활발해지자 상거래 내용을 기록할 간편한 문자가 필요했다. 당시 이집트 상형문자는 지나치게 복잡해 배우기도, 쓰기도 어려웠다. 그래서 그들은 단 22자의 자음으로 구성된 페니키아 알파벳을 만들어 냈다. 이는 인류사적으로는 문자 혁명의 불씨가 되었다.

그리스인들은 여기에 모음을 더해 문자를 발전시켰고 로마는 이를 라틴 문자로 계승했다. 그리고 수천 년이 흐른 뒤 이 알파벳은 세계인이 공유하는 문자 체계로 자리 잡았다. 비블로

비블로스의 오벨리스크 유적. 이집트의 거대한 원형에 비하면 마치 귀여운 미니어처 같다.

스에서 비롯된 알파벳은 지식의 확산을 가속하며 인류에게 '문명의 민주화'를 선사했다.

　7천 년이란 숫자가 주는 무게 때문일까? 버스를 타고 도착한 해안 절벽의 비블로스는 숨을 죽인 듯 고요했다. 유적지에는 십자군 성채가 우뚝 서 있었다. 그 옆의 돌무더기들은 얼핏 보면 그저 폐허처럼 보였지만 자세히 들여다보면 그 안에 고대 문명의 시간이 차곡차곡 내려앉아 있었다.

　한때 주택가였던 이곳은 20세기 초부터 본격적인 발굴이 시작되며 인류사의 중요한 흔적들을 드러내기 시작했다. 비블

아히람왕의 석관. 덮개 모서리를 따라 새겨진 페니키아 문자는 세계에서 가장 오래된 알파벳 기록 중 하나이다.

로스의 땅 아래에는 이곳을 지나간 수많은 문명이 시루떡처럼 층층이 쌓여 있었다. 주택을 철거하자 그 아래에서 로마 시대의 신전이 모습을 드러냈다. 그 밑에는 다시 오벨리스크 신전이 숨어 있었고 가장 깊은 층에서는 아무도 예상치 못했던 청동기 시대의 L자형 신전이 나타났다. 겹겹이 쌓인 이 유적들은 마치 압축된 시간의 파일처럼 잊힌 시대의 조각들을 한 꺼풀씩 드러내고 있었다.

유적지 한가운데 우물처럼 파인 공간이 눈에 띄었다. 나선형 계단을 따라 아래로 이어지는 통로 끝에는 비블로스 유적지에서 가장 주목할 만한 발견 중 하나인 아히람 왕의 수직 갱도형 지하 왕릉이 자리하고 있었다. 기원전 10세기경 이 지역을 다스렸던 아히람 왕이 잠들어 있던 곳이다.

아히람 왕의 석관에서 발견된 페니키아 문자 비문은 인류 최초의 알파벳이 어디서 비롯되었는지를 증명하고 있다. 지중해의 작은 항구 도시에서 출발한 글자가 결국 세계사를 관통했다. 비블로스의 알파벳과 책은 역사를 바꾼 문명의 열쇠였다. 그것은 인간의 사유 방식을 바꿔 놓은 역사적 전환이었다. 알파벳은 누구나 배울 수 있는 글자가 되었고 파피루스와 같은 기록 매체는 지식을 공유할 수 있는 토대가 되었다. 문자와 책의 결합은 언어와 사고의 발전을 이끌었고 우리의 삶과 의식에는 아직도 비블로스의 유산이 남아 있다.

짧은 자유 시간 동안 십자군 성채 앞의 바자르를 둘러보았다. 골동품과 백향목 조각, 물고기 화석들이 빼곡한 시장에는 생기가 감돌았다. 다시 유적지를 거닐며 나는 이곳이 7천 년의 세월을 품은 고도라는 사실에 발걸음이 조심스러워졌다. 고대 도시는 찬란했던 과거를 뒤로한 채 조용히 잠들어 있었다. 성벽 틈새에는 잡초가 무성했고 유적은 무심하게 널려 있었다. 과거의 찬란한 무역 도시는 이제 시간 속에 희미해져 가고 있었다.

수천 년의 역사가 새겨진 땅, 그러나 전쟁과 경제 위기 속에서도 사람들의 웃음은 살아 있는 곳, 그것이 레바논이었다. 비블로스에서 만난 문명의 흔적은 내 안에 오래도록 초록빛 향기로 머무를 것이다.

이슬람 문화

사막 생존 키트: 오아시스의 세 가지 요소

아라비아반도의 사막은 끝없이 이어진 모래의 바다다. 그 황량한 풍경 속에서 베두인들은 수천 년을 살아남았다. 그들에겐 반드시 필요한 세 가지가 있었다. 물, 대추야자, 그리고 낙타다.

아부다비와 두바이는 오늘날 화려한 메트로폴리스로 성장했지만 원래는 작은 어촌 마을에 불과했다. 반면 진짜 사막의 유산을 간직한 도시는 알아인 Al Ain이다. 아랍에미리트 제4의 도시인 알아인은 오아시스 도시의 원형을 보여준다.

자동차 창밖으로 대추나무 숲이 스쳐 지나가기 시작한다. 도시 곳곳에는 나무 그늘이 드리워지고 오래된 수로를 따라 물이 졸졸 흐른다. 공원에는 잔디밭이 시원하게 뻗어 있고 아이들은 물장난을 치며 논다. 사막 한가운데 푸르름이 살아 숨 쉬는 이 도시는 그 자체로 생명의 증거이다. 회의할 때마다 책상 위에 놓여 있던 '알아인 생수'가 이곳에서 왔다니 반가운 일이다.

이렇듯 오아시스의 첫 번째 생존 조건은 물이다. 오아시스 하면 우리는 종종 영화처럼 사막의 한가운데 작은 연못을 떠올리지만 현실의 오아시스는 훨씬 복합적이다. 스스로 맑은 물이 솟아나는 알아인 같은 자연 오아시스가 있는가 하면 인류가 땅을 개척해 만든 인공 오아시스도 있다. 또 우기에만 잠시 나타났다 사라지는 간헐적 오아시스도 있다.

그러나 물이라고 다 생명을 살리는 건 아니다. 끊임없이 솟아나고 순환되는 물만 사람을 살린다. 그렇지 않은 물은 마시지 못할 독이 되기도 한다. 리비아

알아인 오아시스에서 노는 아이들

대추나무와 열매

의 우바리*Ubari* 염호 오아시스처럼 염분에 절어 마실 수 없는 물도 있다. 겉보기엔 신비롭고 아름다워도 생존에는 전혀 도움이 되지 않는 사막의 신기루일 뿐이다.

두 번째 생존 열쇠는 오아시스를 둘러싼 대추야자 나무다. 사막에서 구할 수 있는 거의 유일한 식물성 식량으로 고대 대상(隊商)들의 비상 식량이기도 했다. 이슬람 문화에서도 대추야자는 특별한 의미를 지닌다. 라마단의 긴 단식을 마치고 무슬림들이 가장 먼저 입에 넣는 것도 이 열매다. 이는 대추야자가 평범한 열매가 아니라 신성함을 상징하는 음식임을 의미한다. (요즘도 중동의 회사에 가면 항상 대추야자와 따뜻한 아라빅 커피를 내놓는다. 고대 사막에서부터 이어져 온 아랍식 환대의 전통이다.)

세 번째 생존의 열쇠는 낙타다. 낙타는 정육점이자 슈퍼마켓, 전장의 탱크로 버릴 게 없는 만능 자원이었다. 낙타 한 마리에서 무려 250킬로그램의 고기를 얻을 수 있다. 한 가족이 서너 달은 충분히 먹고도 남는 양이다. 또 하루 4리터의 젖을 얻을 수 있다. 털은 카펫을 짜는 데 쓰이고 가죽은 텐트나 신발이 된다.

사막에서 낙타는 베두인에게 동반자이자 가족이었다.

똥은 연료로 사용하고 예전엔 오줌마저도 머리 감는 샴푸로 쓰였다.

무엇보다 낙타는 이동 수단이다. 자기 체중의 두 배인 500킬로그램의 짐을 싣고도 물 한 모금 없이 400킬로미터를 이동할 수 있다. 모래에 발이 빠지지 않는 낙타는 전쟁에도 출전한다. 예언자 무함마드 역시 낙타를 타고 여행뿐만 아니라 정복 전쟁에 나섰다고 전해진다. 베두인에게 낙타는 일상의 가축이 아니라 옛 시골 마당을 지키던 황소처럼 삶을 함께한 가족이자 유산이었다.

이처럼 물, 대추야자, 낙타는 사막 생존의 버팀목이었다. 사막이라는 극한의 환경 속에서 사람들은 그것들을 바탕으로 삶을 일구어 냈다. 오아시스의 물줄기, 나무 한 그루, 낙타 한 마리가 바로 문명의 씨앗이자 공동체의 뿌리였던 것이다.

● 캠프 엿보기 ●

퇴근 후엔 주변 맛집, Bar로 고고씽!

사막 한가운데서 하루 종일 더위와 씨름하며 땀을 한 바가지 흘리고 나면 시원한 맥주 한 잔이 간절해진다. 하지만 캠프 안에선 음주가 금지되어 있다. 규정을 어기면 짐 싸서 한국으로 가야 한다.

대안은 무알코올 맥주를 마시거나 퇴근 후 셔틀을 타고 캠프 외부의 한국식당으로 나가는 것뿐이었다. 그렇다면 퇴근 후 갈 수 있는 곳은 어디일까?

가까운 게 최고, 사막 속 OK 식당, '한국관'

가장 가까운 곳으로는 차로 40~50분 정도 떨어진 함라Al Hamra라는 시골 마을에 위치한 '한국관'이란 식당이다. 이 식당 최고의 경쟁력은 캠프에서 가깝다는 점이다. 영화 〈OK 목장의 결투〉에서 본 듯한 허허벌판 사막 한가운데에 건물들이 맥락 없이 띄엄띄엄 서 있다. 주변에는 아무것도 없는 황량한 사막뿐이다. 누가 봐도 한국인 캠프를 겨냥하여 만든 식당이었다. 우리는 이런 사막 한가운데에서 언제부터 영업을 했고 어떻게 허가가 났는지 궁금해했지만 아는 이는 아무도 없었다.

아무튼 이곳은 캠프에서 가장 가까운 식당이었고 가깝다는 것은 '식당에 일찍 도착해서 늦게까지 머무를 수 있다'는 걸 뜻했다. 쉽게 말하면 술을 오래 마실 수 있다는 얘기다. 퇴근 후 셔틀버스는 주변 식당을 돌며 일곱 시쯤 직원들을 내려 주고 아홉 시쯤 픽업한다. 한국관은 가까우니 제일 먼저 내려 주고 복귀할 때는 가장 늦게 픽업하게 된다. 주당들은 충분한 시간을 확보하여 천천히 많이 마시는 것을 음주의 중요한 가치로 생각하니 이보다 좋은 대안은 없을 터. 메뉴는 중요한 것이 아니었다. 떡볶이, 계란말이, 치킨이면 충분하다. 다행히 이 메뉴들은 아무리 대충 만들어도 맛이 없을 수 없는 음식이다. 내가 근무하던 당시에는 분식 메뉴를 시켜서 소맥을 하는 것이 국룰이었다. 식사하는 직원들의 웃음소리는 시골 잔칫집처럼 정겨웠다.

맛집은 여기에, 특별한 날엔 '나무'로 간다

하지만 늘 똑같은 메뉴, 똑같은 분위기만으론 채워지지 않는 날도 있다. 한국관을 지나 약 30분 정도 조금 더 가면 루와이스Ruwais라는 도시가 나온다. 그곳에 나무Namu라는 한국 식당이 하나 있다. 이 식당의 가장 큰 경쟁력은 단연 음식 맛이었다. 한국의 맛집과 블라인드 테스트를 해도 구분이 어려울 정도였다.

하지만 가격이 장벽이었다. 모둠회 대짜가 무려 800디람, 한화로 25만 원 정도. 여기에 술값까지 더해지면 부담은 훨씬 커진다. 그래서 이곳은 특별한 날이나 중요한 손님이 있을 때만 가는 '기념일 식당'이었다.

실내는 더욱 정겹다. 한국식 미닫이문, 좌식 테이블과 친숙한 한국식 인테리어 덕에 한국인지 아랍에미리트인지 헷갈릴 정도다. 외국인 종업원이 들어와 "Can I help you, Boss?" 하고 물을 때라야 '아, 여긴 아랍에미리트였지~' 하고 현실로 돌아오곤 했다.

맥주가 흐른다, 레티튜드 바-해피 아워의 전설

맛집도 좋지만 더울 땐 시원한 맥주가 최고다. 루와이스의 다나 리조트 안에 있는 레티튜드 바Lattitude Bar는 직원들이 종종 가는 생맥주집이었다. 이곳의 가장 큰 장점은 해피 아워Happy Hour. 저녁 다섯 시 반부터 일곱 시 반까지 생맥주가 50퍼센트 할인되었다. 말 그대로 '맥주계의 원 플러스

원' 이벤트였다.

셔틀버스가 주변 식당에 직원들을 순차적으로 내려 주면 이곳에 보통 일곱 시 25분쯤 도착한다. 도착하자마자 막내는 빛의 속도로 뛰어야 한다. 그의 임무는 단 하나, 해피 아워 안에 맥주 주문을 성공시키는 것. 시간을 놓치면 제값을 내야 한다. 하지만 성공한 날이면 테이블 위는 스텔라, 라페, 호가든으로 가득 찼다. 안주는 양파링 튀김, 칼라마리, 그야말로 작은 세계 맥주 축제였다.

몇 번 얼굴을 익히자 테이블 매니저와 친해졌다. 세계 어디든 아는 사람 있다는 것은 최고의 자산이다. 우리는 바로 VIP 대접을 받게 되었다. 그 후로 막내는 뛰지 않아도 됐다. 셔틀에서 여유롭게 전화로 주문하면 됐기 때문이다. 또 주문한 맥주를 한꺼번에 테이블에 쌓아 둘 필요도 없었다. 맥주가 쉽게 김이 빠진다는 말에 잔을 비울 때마다 바로바로 가져다주었다.

라이브 공연이 시작되면 분위기는 한층 고조되었다. 필리핀 출신 싱어의 실력은 머라이어 캐리 못지않았다. 〈Hero〉를 부를 때면 휴대폰 플래시가 터지고 무대가 들썩들썩했다.

공연 중간에는 영어 크로스 워드 퀴즈도 열렸다. 일종의 난센스 비슷한 퀴즈였는데 익숙한 단어가 화면에 뜨면 여기저기서 손을 들고 외치느라 순식간에 아수라장이 되곤 했다. 동양인, 서양인, 현지인 할 것 없이 다 같이 웃고 떠들고 손뼉을 쳤다. 국적은 아무 상관없었다. 바 안은 작은 세계 축제장이었다.

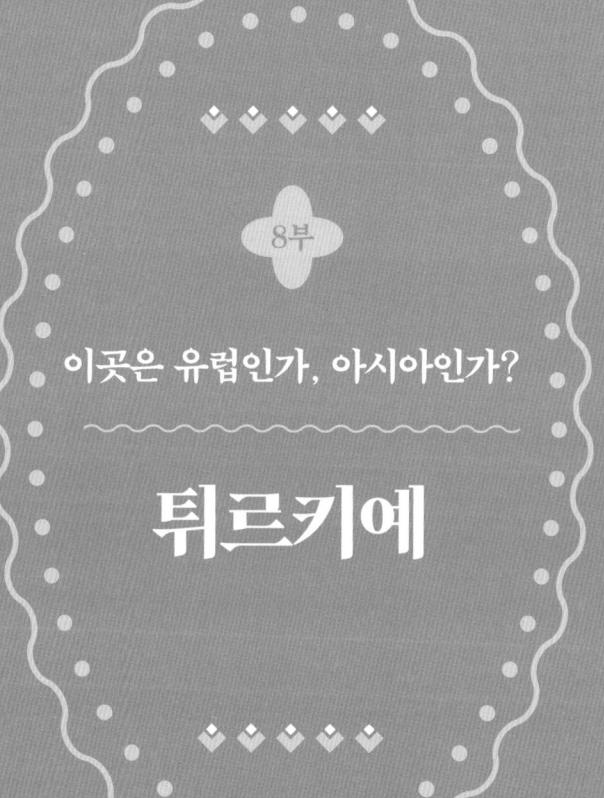

8부

이곳은 유럽인가, 아시아인가?

튀르키예

아랍에미리트에서 저가 항공을 타고 유럽으로 향하다 보면 한두 번쯤은 이스탄불 아타튀르크 공항을 경유하게 된다. 이스탄불은 유럽과 아시아를 잇는 관문이자 교통의 요지다. 그저 지나치던 튀르키예를 이번에는 경유지가 아닌 '목적지'로 삼았다.

이스탄불 공항 이름이기도 한 아타튀르크는 튀르키예인들이 가장 존경하는 국민 영웅이다. 본명은 '무스타파 케말 아타튀르크'. 그는 오스만 제국이 해체된 후 혼란한 정국 속에서 튀르키예공화국을 수립하고 세속주의 개혁을 이끈 인물이다. 도시를 걷다 보면 카페와 케밥집 등 광장과 거리 곳곳에서 그의 동상과 사진을 볼 수 있다. 그의 얼굴과 이름이 마치 살아 숨 쉬듯 튀르키예 사람들의 삶에 녹아 있는 것을 느낄 수 있다.

착륙 직전 창밖으로 이스탄불이 펼쳐졌다. 장난감 같은 배들이 흰 물보라를 그리며 푸른빛 마르마라해를 가로지르고 있었다. 우린 늦은 오후 이스탄불에 도착해 하룻밤을 묵고 다음 날 아침 일찍 에페수스로 떠나는 일정이었다. 국내 항공 일정에 맞춘 짧은 체류이기에 이스탄불 시내 관광은 여행의 마지막으로 미뤄 두었다.

호텔로 향하던 길, 이번 여행에 동행한 정과장이 어느 식당 간판을 가리키며 외쳤다. "피데Pide 먹으러 가시죠!" 튀르키예 전통 음식인 피데는 길쭉한 바게트처럼 생긴 빵에 고기를 넣은 요리이다. 그렇게 우리는 피데와 케밥으로 튀르키예에서의 설레는 첫날을 시작했다.

Ephesus

에페수스

튀르키예 속 작은 로마

　새벽안개를 헤치며 우리는 이스탄불 공항에서 이즈미르행 비행기에 올랐다. 조식도 건너뛴 채 마음은 온통 에페수스*Ehesus*라는 도시를 향해 있었다. 이즈미르 공항에 도착하자마자 다시 버스를 타고 한 시간을 더 달려야 했다. 그렇게 하루 만에 우리는 시공간을 건너 고대 로마의 심장부 에페수스에 도착했다.

　붐비는 기념품점 거리를 지나자 소나무 숲길이 열렸다. 경주의 왕릉을 떠올리게 하는 우람한 소나무들이 양옆으로 도열하듯 서 있었다. 얼마 지나지 않아 두 갈래 길이 나왔다. 오른편은 옛 항구로, 왼편은 본격적인 유적지로 향했다. 우리는 대리석이 깔린 왼쪽 길을 따라 천천히 오르기 시작했다. 그리고 그 길의 끝에서 거대한 원형 극장의 위용을 마주했다.

　무려 2만 5천 명을 수용할 수 있는 이 극장은 산기슭의

에페수스 입구 소나무길

고대 로마 시절 2만 명을 수용했던 에페수스 입구 원형 극장

자연스러운 경사를 그대로 활용해 지어졌다. 그 시절엔 마이크 하나 없이도 소리가 극장 끝까지 또렷하게 퍼질 수 있었다. 객석 아래에 숨겨진 청동관과 토관이 공명 장치로 쓰였다고 하니 그 정교한 음향 설계는 오늘날 엔지니어링 기술로도 경이로울 따름이다.

하지만 정교하게 설계된 극장을 울린 것은 오페라의 선율이 아니라 생존의 절규였을 것이다. 전쟁 포로나 노예들이 맹수와 벌였던 처절한 사투. 그 피비린내 나는 장면을 떠올리는 순간 등줄기를 타고 서늘한 소름이 돋았다.

'로마를 보고 싶으면 튀르키예로 가라'는 말이 있다. 그만큼 튀르키예는 로마 제국의 유산이 살아 있는 땅이다. 이곳은 그리스·로마 신화의 무대였고 트로이 목마의 전설이 깃든 곳이며 로마 제국의 웅대한 흔적들이 지금도 땅 위에 남아 있다. 그중에서도 에페수스는 로마의 영광을 고스란히 간직한 도시다. 그 시작은 한 왕자의 전설로 거슬러 올라간다. 전해 내려오는 설화에 따르면 신탁의 계시에 따라 바닷가에 도시를 세웠다고 한다.

기원전 27년, 에페수스는 로마 제국의 소아시아 수도가 되었다. 천혜의 항구를 가진 이 도시는 해상 무역과 상업의 중심지로 눈부신 번영을 누렸다. 그러나 7세기 무렵, 카이스테르강에서 흘러든 토사가 항구를 메우기 시작하면서 도시는 서서히 생기를 잃어 갔다. 여기에 지진까지 덮치며 찬란했던 문명은 먼지와 침묵 속에 파묻혔.

아이러니하게도 그 침묵 덕에 우리는 지금 2천 년 전의 모습을 마주하고 있다. 폼페이처럼 시간은 도시를 덮었고 우리는 그 기억 위를 걷고 있었다. 이곳이 '튀르키예 속 작은 로마'라 불리는 이유는 이 땅에 새겨진 로마 문명의 숨결을 만날 수 있기 때문이다.

셀수스 도서관과 아르테미스의 또 다른 얼굴

✧

길을 따라 걷다 보니 오른편 너머로 에페수스의 자랑 '셀수스 도서'관이 화려한 모습을 드러냈다. 기원후 135년, 로마 집정관 셀수스를 기리며 그의 아들이 헌정한 도서관이다. 아들의 사랑만큼이나 건축미 또한 손꼽히는 걸작이었다. 로마 양식의 늘씬한 대리석 기둥은 우아하고 단아했다. 그 위에 얹힌 2층 건물은 위엄과 섬세함이 절묘하게 조화를 이루었다.

고대 도시들은 장서의 규모로 문화를 자랑했고 도서관은 부와 명예의 상징이었다. 지식이 곧 권력이자 문명이라는 통찰은 고대인들도 이미 간파하고 있었다. 현대의 '지식 경영'을 누구보다 앞서 실천해 오고 있었던 셈이다. 당시 이 도서관은 두루마리 양피지로 만든 1만 2천여 권의 책을 소장하고 있었다고 한다. 이곳은 이집트 알렉산드리아, 튀르키예 페라가몬 도서관과 함께 당시 세계 3대 도서관으로 불리며 지금까지도 찬란한 유산으로 남아 있다.

길을 걷던 중 눈길을 붙잡는 안내판 하나가 발걸음을 멈추게 했다. 당시 유적 발굴지에서 출토된 '아르테미스_{Artemis} 여신상' 사진이었다. 실제 조각상은 현재 에페수스 박물관에 전시되어 있다. 고대 그리스에서 아르테미스는 사냥과 달을 관장하는 여신으로 숭배받았다. 활을 들고 사냥개와 함께 숲을 누비는 젊고 강인한 여신의 모습이 우리에게 익숙하다.

그러나 에페수스로 들어오면서 그녀는 풍요와 다산의 여신으로 다시 태어났다. 몸에는 다산을 상징하는 여러 개의 유방이 달렸고 다리에는 갖가지 동물 형상이 정교하게 새겨졌다.

지역과 시대의 요구에 따라 신의 형상도, 그 역할도 달라

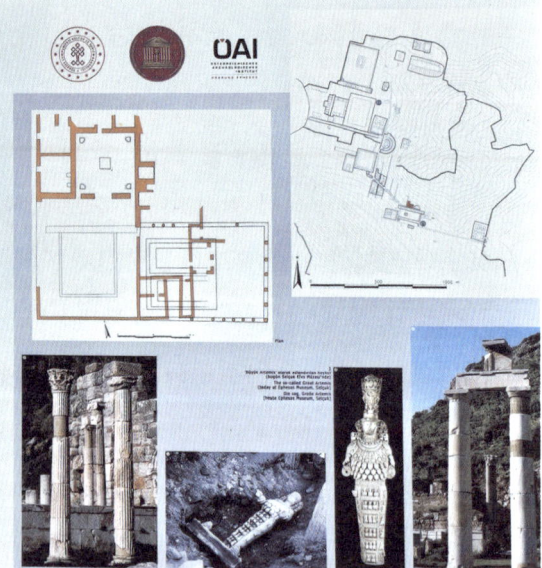

(위)에페수스의 자랑 셀수스 도서관
(아래) 에페수스 유적 안내판. 복원된 유적과 발굴 당시의 아르테미스 신상 사진이 있다.

진 것이다. 마치 귤이 강을 건너면 탱자가 된다는 귤화위지(橘化爲枳)의 고사처럼 아르테미스 역시 새로운 땅의 사람들이 원하는 새로운 신으로 태어났다.

하드리아누스 신전과 니케 여신

▽

쿠레테스 거리Curetes Street의 중심에는 에페수스의 상징인 하드리아누스 신전이 위풍당당하게 서 있다. 로마 제국의 황금기를 이끌었던 로마 5현제(伍賢帝) 시대의 황제 하드리아누스를 기리기 위해 세운 건축물이다.

그는 재위 기간 내내 제국 곳곳을 직접 순회한, 오늘날로 치면 '현장형 CEO'였다. 인근 도시 안탈리아에는 그가 다녀간 흔적으로 '하드리아누스 게이트'라는 문 하나만이 남아 있다. 황제는 바쁜 일정 탓에 잠시 들러 눈도장만 찍고 떠난 듯했다. 이 신전은 2세기경 세워졌으며 지금도 에페수스에서 가장 아름다운 유적 중 하나로 꼽힌다.

아치형 입구를 지나 내부로 들어서면 대리석 기둥 사이로 고대 로마의 숨결이 느껴진다. 그 중앙에는 도시의 번영과 행운을 주관하는 티케Tyche 여신의 얼굴이 섬세한 부조로 새겨져 있다. 티케는 에게해 연안의 수많은 항구 도시에서 가장 사랑받던 여신이자 이곳 에페수스의 수호신이었다.

거리를 따라 걷던 중 바닥의 대리석 틈새에 박힌 작은 고

로마 황제 히드리아누스를 기리기 위해 세운 신전.
정교한 아치와 기둥장식이 특징이다.

위생이 일상이었고 대화가 풍경이던 로마의 공중화장실

리 하나가 눈에 들어왔다. 자세히 보니 고대 로마의 맨홀뚜껑 손잡이였다. 그 아래로는 상하수도 시설이 갖추어져 있었고 이는 2천 년 전 이미 이 도시가 '고대 위생 선진국'이었음을 보여주는 생생한 증거였다.

로마의 공동 화장실 유적은 실용적 위생 시설을 넘어 당대의 문화를 엿볼 수 있는 창이었다. 중앙 분수대를 중심으로 수세식 좌석이 빼곡히 배치되어 있었고 사람들은 그곳에 나란히 앉아 줄줄 흐르는 물소리를 들으며 담소를 나눴다. 이쯤 되면 이곳은 공공의 사교장이자 일상의 철학이 오가던 '공공 문화 살롱'이었다. 2천 년 전 이미 화장실에 미학과 사회적 기능까지 담아냈다니 지금 기준으로 보아도 세계보건기구의 찬사를 받을 만하다.

길을 따라 계속 올라가다 보면 한때 상업 중심지였던 아케이드가 화려하게 되살아난다. 햇살을 받은 바닥의 고대 모자이크는 여전히 유리 조각처럼 반짝였다. 그 위로 옛 상인들과 멋쟁이들이 오가던 장면이 환영처럼 겹쳐 보였다.

후문 광장에는 발굴된 석판 유물들이 전시되어 있었다. 그중 단연 눈길을 끈 건 날개 달린 승리의 여신 '니케$_{Nike}$'였다. 그녀의 모습은 하늘로 막 날아오르려는 듯 가볍고 경쾌했다. 올리브 화환을 든 손끝에서는 승리의 기운이 느껴졌고 조각상 앞에는 합격의 기운이라도 받으려는 듯 사진을 함께 찍으려는 여행자들이 줄지어 있었다. 흩날리는 옷자락 사이로는 오늘날 우리에게 너무도 익숙한 나이키의 로고 형상이 숨어 있다.

로마인들은 이미 2천 년 전 도시를 놀랍도록 정교하게 설계했다. 극장, 도서관, 신전, 체육관, 아고라의 공공시설이 갖춰진 풍경은 현대 도시와 비교해도 손색이 없었다. 네모반듯한 대리석 도로는 오랜 세월의 흔적을 고스란히 간직한 채 여전히 빛났다. 그 위로는 책을 읽으러 도서관으로 향하거나 피로를 씻기 위해 목욕탕으로 가던 로마인들의 그림자가 세월의 빛결에 포개져 있었다. 늦가을 뜨거운 햇살을 받은 대리석 석주들이 눈부셨다.

승리와 영광의 상징, 에페수스의 니케 여신 부조

Pamukkale
파묵칼레

하얀 언덕 위의 온천

발끝으로 걷는 목화의 성

에페수스 근처의 해안도시 쿠사다시 *Kusadasi* 에서 하룻밤을 보냈다. 에게해 연안의 고요한 아침은 또 다른 하루의 설렘을 선물했다. 이날 우리의 여정은 파묵칼레 *Pamukkale*. 차를 타고 약 세 시간 거리다.

버스에 올라 도로를 끝없이 달렸다. 차창 밖으로는 끝없이 이어지는 올리브 밭과 목화밭, 그리고 소박한 농가들의 모습이 수채화처럼 물들어 있었다. 목가적인 풍경이 물결처럼 흘러갔다.

나는 한 장의 사진을 떠올렸다. 눈처럼 하얀 언덕 위에서 사람들이 수영을 즐기는 사진이다. 이국적이라기보다는 오히려 외계 행성의 풍경 같았던 그 장면. 그 신비로운 장면의 무대가 바로 파묵칼레였다.

목적지에 가까워질 무렵 저 멀리 눈처럼 하얗게 빛나는 언덕이 시야에 들어왔다. 멀리서 보면 눈 덮인 히말라야 같고 가까이 다가가면 알래스카의 빙하처럼 투명한 순백의 풍경이 눈앞에 펼쳐졌다.

파묵칼레는 튀르키예 남서부에 자리한 천연 석회암 온천이다. 고대 로마 시대부터 질병을 치료하는 온천으로 유명했고 지금도 '치유의 온천'이라 불린다. 온천수 속 석회질이 오랜 세월 쌓이며 층층의 테라스를 이루었고 하얀 산호초처럼 결을 이룬 기묘한 지형이 만들어졌다.

현지인들은 이 풍경을 하얀 목화 꽃이 핀 성채 같다 하여 파묵칼레, 즉 '목화 성'이라 부른다. 실제로 온천 위를 걷다 보면 석회로 덮인 바위 위에 하얀 목화송이들이 몽글몽글 피어 있는 듯한 착각이 들곤 한다.

드디어 파묵칼레를 직접 걸어 볼 시간이었다. 사방이 온통 백색의 세계, 아름답지만 눈이 부셔 선글라스는 필수다. 신발을 벗고 다랑논처럼 층층이 이어진 작은 풀*Pool*로 발을 들여놓았다. 석회질이 엉긴 바닥은 생각보다 미끄러웠다. 한 걸음 한 걸음 조심스레 발을 내디뎠다. 맑은 물이 고인 곳도 있었지만 어떤 곳은 침전물이 올라오며 희뿌연 안개처럼 퍼졌다. 터키 전통주 라크*Raki*를 부어 놓은 듯 수면이 은은하게 흐릿하다.

수심은 대부분 발목 정도. 환상적인 풍광을 배경으로 관광객들은 인증샷을 남기느라 여념이 없다. 나도 그 틈을 비집고

온천수가 빚어낸 하얀 석회 테라스와 마을, 푸른 호수와 어우러진 파묵칼레의 전경.

들어가 한 장씩 인증했다.

클레오파트라가 목욕했다고 전해지는 앤티크 풀_{Cleopatra Antique Pool}. 물속에는 무너진 대리석 기둥들이 흩어져 있어 고대의 온천을 그대로 옮겨 놓은 듯했다. 그 안에는 '일일 클레오파트라'를 꿈꾸는 사람들로 활기가 넘쳤다. 천 년의 시간이 겹쳐지며 과거의 유적이 아니라 살아 있는 '시간의 목욕탕'처럼 느껴졌다. 고대와 현재가 한데 숨 쉬고 있었다.

히에라폴리스와 네크로폴리스

하얀 석회붕 '목화의 성' 파묵칼레를 뒤로하고 우리는 황홀함의 잔열을 품은 채 언덕을 올랐다. 눈앞엔 전혀 다른 세계, 시간이 멈춘 듯한 고대 도시가 기다리고 있었다. 이름하여 히에라폴리스_{Hiera Polis}, 그리스어로 '성스러운 도시'란 뜻이다.

이곳은 기원전 2세기경 페르가몬 왕국에 의해 세워진 고대 로마 도시였다. 입구의 조감도 앞에 서자 대욕장과 널찍한 아고라, 원형 극장과 아폴론 신전을 갖춘 대도시 풍경이 한눈에 들어왔다. 당시 인구는 10만 명. 온천과 자연 경관 덕분에 로마와 비잔틴 시대에 이곳은 귀족들의 휴양지로 번성했다.

유럽 전역에서 환자와 노인들이 이곳 온천을 찾아 모여들었고 히에라폴리스는 또 하나의 이름을 얻었다. '성스럽게 죽음을 준비하는 도시'

히에라폴리스 원형 극장

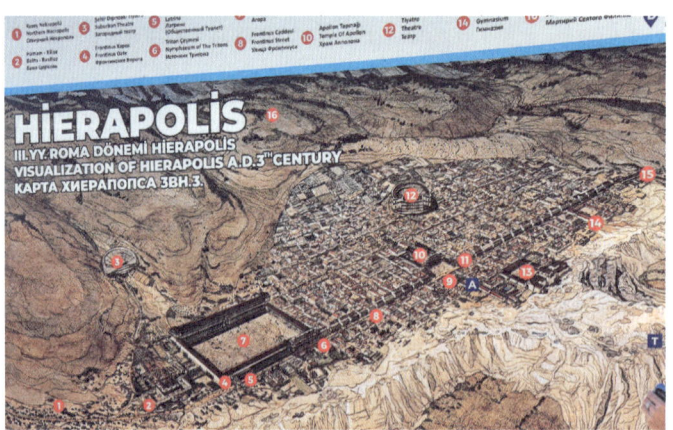

성스러운 도시 히에라폴리스 조감도. 극장, 온천 공공 시설을 완비하고 인구 10만 명을 자랑하던 고대의 메트로폴리스였다.

예상보다 훨씬 넓은 유적지, 우리는 결국 전동 카트에 몸을 실었다. 유적지의 바람이 얼굴을 간지럽혔다.

2천 년의 시간 속에 도시는 흔적만 남았지만 2세기에 세워진 원형 극장만큼은 여전히 건재했다. 언덕 경사면을 따라 단단히 쌓아 올린 극장은 세월의 풍화를 이겨 내며 위엄을 지키고 있었다. 무대 뒤편에는 고대 신들을 새긴 부조와 대리석 기둥이 질서 있게 늘어서 있었다.

텅 빈 객석에 앉아 나는 극장 너머로 하얗게 물든 파묵칼레의 언덕을 바라보았다. 고대 로마인들도 온천욕을 마친 후 이곳에서 시원한 밤바람을 맞으며 오페라를 감상했을까. 지금은 관객도 연주도 사라진 무대. 대신 객석 사이를 어슬렁거리던 주인 없는 개 한 마리가 관광객과 나란히 기념 사진을 찍고 있었다.

카트를 타고 언덕을 오르다 보면 도시의 중간쯤에 신령한 기운이 감도는 으스스한 구역이 나타난다. 아폴론 신전 *Temple Of Apollon*과 플루토니온 *Ploutonion*이라는 이정표가 가리키는 곳이다. 아폴론 신전은 사제가 신탁을 내리던 신성한 장소였고 플루토니온은 고대 로마 시대 저승의 신 플루토 *Pluto*(하데스)를 만난다고 믿었던 지하 세계의 입구였다. 당시 로마인들은 이 신전이 실제로 지하 세계로 연결된 통로라고 믿었다.

플루토니온의 동굴 안에서는 지금도 신령스러운 기운이 끊임없이 새어 나온다. 기록에 따르면 동물들은 근처에 가까이 다가가기만 해도 이유 없이 쓰러졌고 연기를 마신 사제는 환각 상태에서 신의 계시를 전했다. 이곳은 신계(神界)와 인간계(人間

울타리로 둘러싸인 아폴론 신전과 플루토니온 유적. 아폴론 신전 옆에 동굴 형태의 플루토니온이 있다. 고대인들은 이곳을 이승과 저승을 잇는 문으로 인식했다.

界)의 경계였다. 수천 년이 흐른 지금 현대 과학은 동굴에서 아직도 미량의 유독가스가 분출되고 있음을 밝혀냈다. 신탁의 기적이 과학으로 풀리는 순간이었다.

플루토니온은 울타리로 둘러싸여 있었다. 관광객이 저승으로 끌려가는 것을 막기 위한 나름의 예방책인 듯했다. 우리는 전동 카트에 앉아 멀찍이서 그 경계의 문을 숨죽여 지나쳤다.

히에라폴리스 정문 앞의 넓은 언덕에는 석조 유물들이 폐허처럼 흩어져 있었다. 이곳은 '죽은 자들의 도시' 네크로폴리스 Necropolis. 고대의 공동 묘지다. 온천으로 유명한 휴양지 한복판에 공동 묘지가 있다는 사실이 처음엔 낯설게 느껴졌지만 당

삶과 죽음이 맞닿은 네크로폴리스. 다양한 석관과 무덤이 있다.

시에는 온천이 곧 병원의 역할을 했다는 점을 떠올리자 고개가 끄덕여졌다.

병이 깊은 이들일수록 히에라폴리스를 마지막 희망으로 삼아 찾아왔고 많은 이들이 결국 이 땅에서 눈을 감았다. 살아 돌아가지 못한 그들의 무덤은 도시 외곽 너머까지 끝없이 이어졌다. 화려한 석관에 누운 귀족도 있었고 조그마한 석함에 담긴 촌로(村老)도 있었다. 그러나 누구든 마지막엔 빈손으로 흙으로 돌아가는 법이다. 2천 년의 세월을 묵묵히 지켜본 네크로폴리스는 조용히 속삭였다. '관 속에 왕관은 없다.'

우리는 파묵칼레 근처의 써멀 콜로세아호텔에서 하루를

콜로세아 호텔의 황토빛 온천

묵었다. 온천 도시답게 호텔 안에는 야외 온천시설이 잘 갖춰져 있었다. 지붕에서 온천수가 황토빛 원형 풀로 쏟아져 내렸다.

증기가 피어나는 탁한 온천수에 몸을 담그고 조용히 눈을 감았다. 이 도시의 모든 것은 결국 이 작은 온천에서 시작되었다. 물이 솟은 그날부터 사람과 이야기, 기적과 죽음이 이 땅에 함께 머물렀다. 그리고 그 위로 저승의 신화가 피어올랐다.

지금 내가 앉아 있는 이 황토빛 탕은 신화의 연못이자 오래된 기억의 그릇이었다. 고대와 현재가, 신화와 현실이, 탁한 물속에 뒤섞여 있었다. 그렇게 나는 물속에 담긴 기억과 신화를 끌어안은 채 한참을 머물렀다.

Istanbul

이스탄불

동서양이 만나는 길목

비잔틴 제국과 오스만 제국의 자존심 대결

파묵칼레에서 네 시간 거리인 휴양 도시 안탈리아로 이동해 하루를 쉬었다. 여행 중 지중해에서의 휴식은 튀르키예 디저트인 로쿰 Lokum처럼 달콤한 시간이었다. 다음 날 새벽 다섯 시 반에 공항으로 가야 했기에 이른 아침부터 서둘렀다. 호텔에서 챙겨 준 조식 박스를 챙겨 들고 마지막 여행지인 이스탄불로 향했다.

언제나 경유만 했던 이스탄불. 늘 스쳐 지나기만 했던 이 도시에 드디어 발을 딛는 순간이었다. 트램이 덜컹거리며 지나가고 케밥 냄새가 퍼지는 거리의 공기가 도시의 활기를 전했다. 2,700년의 역사를 품은 이스탄불은 어디를 먼저 가야 할지 행복한 고민을 안겨 주는 그야말로 '뷔페 같은 도시'였다. 이 도시의 매력을 온전히 느끼고 싶다면 길을 걸어 보는 것이 좋다. 오랜 역사의 흔적이 곳곳에 남아 있기 때문이다. 우리도 발길 닿는 대로 도시를 걸었고 거리가 멀면 트램을 탔다.

이스탄불은 비잔틴과 오스만 제국의 유적들로 넘쳐난다. 하기아 소피아 성당과 지하 물 궁전이라 불리는 예레바탄 사라이*Basilica Cistern*(6세기 비잔틴 제국의 황제 유스티니아누스 1세가 만든 거대한 지하 물 저장소)는 비잔틴 제국의 숨결이 살아 있는 유적이다. 오스만 제국의 흔적은 블루 모스크와 톱카프 궁전, 그리고 전통 시장인 그랜드 바자르가 대표적이다. 보스포루스 유람선을 타고 바다에서 도시 풍경을 보는 것도 필수다. 이 도시는 시간 위에 쌓인 역사 그 자체이다.

우리는 이 도시로 단숨에 스며들기 위해 구시가*Old city*의 술탄 아흐메트 지구*Sultanahmet Area*로 갔다. 가장 먼저 마주한 건 하기아 소피아 성당이었다.

하기아 소피아, 천년의 성전

✧

성당 앞 잔디밭에 서서 올려다본 하기아 소피아는 땅에서 솟아오른 신성한 언덕처럼 보였다. 하기아 소피아(그리스어 Hagia Sophia, 터키어 Aya sofya)는 '거룩한 지혜'라는 뜻으로 초기 기독교 건축물 가운데 가장 위대한 걸작으로 손꼽힌다. 이 성당은 콘스탄티누스 황제 시기에 처음 세워졌지만 두 차례의 화재로 소실되었다. 현재의 모습은 537년 유스티니아누스 황제가 세 번째로 재건한 것이다.

하기아 소피아 성당과 블루 모스크는 술탄 아흐메트 공원을 사이에 두고 나란히 서 있다. 사이좋은 친구처럼, 때로는 서로 경쟁하는 라이벌처럼 이들은 비잔틴 제국과 오스만 제국을 대표하는 상징적인 존재들이다.

1453년 비잔티움을 정복한 오스만 제국의 메흐메드 2세는 비잔틴 천년의 유산인 하기아 소피아 성당을 모스크로 바꾸었다. 이는 겉모습만의 건물 개조가 아닌 문명이 바뀌었다는 선언이기도 했다. 이 시기 성당 외곽에 네 개의 미나레트 _minaret_(모스크 옆에 세워진 슬림하고 높은 탑)가 더해졌다. 비록 이교도의 성당이었지만 그 경건함과 아름다움 앞에서는 누구라도 파괴하기를 망설였을 것이다.

성당 안으로 들어갔다. 내부는 예상보다 훨씬 넓고 탁 트여 있었다. 높은 천장고와 많은 창문 덕분에 성당은 밝고 환했다. 복원 작업을 위한 비계가 중앙에 설치되어 있었지만 천장 가장자리 창문 사이로 부드러운 빛이 공간 전체를 은은하게 감싸고 있었다. 정중앙의 거대한 돔은 반원형 돔들이 받치고 있었고 내부엔 기둥 하나 없이 시야가 탁 트여 있었다. 그제야 이 탁 트인 개방감의 비밀이 어디서 온 것인지 깨달았다.

하기아 소피아의 백미는 단연 비잔틴 양식의 특징인 내부 모자이크화다. 그리스·로마 시대의 작품 하면 '밀로의 비너스' 같은 조각상이 떠오르는 것처럼 비잔틴 미술을 대표하는 것은

하기아 소피아

블루 모스크

하기아 소피아 성당 내부. 기독교와 이슬람이 맞닿아 있는 성스러운 공간

황금빛으로 반짝이는 모자이크다.

　오스만 제국 시절 덧칠로 가려졌던 성당 벽의 모자이크는 20세기에 이르러 복원 작업을 통해 다시 빛을 되찾았다. 잠에서 깨어난 황금빛 모자이크는 살아 숨 쉬는 듯 반짝였다. 돌 조각 하나하나의 반사 각도가 미묘하게 달라서 빛이 스칠 때마다 표면이 물결치듯 흔들렸다. 천장과 벽면은 이슬람 아라베스크 문양으로 정교하게 장식되어 있었지만 그 사이사이로 성경 이야기를 담은 모자이크가 모습을 드러냈다.

　그리고 그 위 높은 천정에는 이슬람 칼리프들의 이름을 아랍어로 새긴 거대한 원형 캘리그래피가 예술작품처럼 매달려

하기아 소피아 모자이크화. 중앙의 성모 마리아와 아기 예수를 향해 왼쪽의 유스티니아누스 황제는 성당을, 오른쪽의 콘스탄티누스 대제는 도시를 봉헌하고 있다.

있었다. 비잔틴 건축의 아름다움에 넋을 잃은 이방인들에게 이곳이 모스크라는 사실을 조용히 일깨워 주었다.

유스티니아누스 황제는 세 번째 재건에 모든 역량을 쏟았다. 그는 성경 속 솔로몬보다 위대한 성전을 세우고자 했다. 최고의 성당을 만들 사람을 수소문한 끝에 선택된 이는 성당 건축가가 아닌 수학자와 물리학자였다. 그들의 과학적 설계로 완성된 하기아 소피아 앞에서 유스티니아누스 황제는 감격한 나머지 이렇게 외쳤다.

"솔로몬이여, 내 그대를 이겼노라."

그는 자신이 성경 속 솔로몬 왕보다 더 위대한 성전을 세웠다고 믿었다. 교회이자 모스크였고 박물관이기도 했던 하기아 소피아는 수많은 세월 동안 그 자리를 지켜온 역사의 걸작이었다.

블루 모스크, 이슬람 건축의 정수

오스만 제국은 하기아 소피아 성당을 개조하여 모스크로 사용했지만 본래 기독교 예배를 위한 공간이었던 만큼 여러 모로 제약이 따랐다. 방향이 메카를 향해 있지 않았고 더 많은 사람이 모여 예배할 수 있는 공간도 필요했다. 무엇보다 제국의 정체성과 자긍심을 담아낼 자신들만의 성소를 원했다. 결국 술탄은 하기아 소피아를 능가하는 모스크를 그 옆에 세우기로 한다.

1616년, 오스만 제국의 14대 술탄인 아흐메트 1세는 자신의 이름을 딴 모스크 건립을 명했다. 그것이 바로 오늘날의 술탄 아흐메트 모스크 *Sultan Ahmet Camii*, 일명 블루 모스크다. 하기아 소피아 성당이 537년에 세워졌으니 블루 모스크는 꼭 천년 뒤 형을 쏙 빼닮은 배다른 동생처럼 성당 옆에 모습을 드러낸 셈이다.

모스크로 들어가는 입구에서는 신발을 벗어야 해서 잠시 줄이 길게 늘어섰다. 여성들은 스카프를 둘러 드레스 코드를 맞추고 안으로 들어가야 했다. 모스크 안은 관람 공간과 기도 공간이 칸막이로 나지막하게 구분되어 있었고 기도 공간 안에는 열심히 《코란》을 암송하며 기도하는 무슬림들이 보였다.

블루 모스크 내부. 장엄하면서도 포근한 느낌을 준다.

블루 모스크는 하기아 소피아를 모델로 삼아 지어졌다. 중앙의 웅장한 돔을 네 개의 중간 돔이 받치고 그 주위를 30여 개의 작은 돔이 둘러쌌다. 다만 설계 방식은 달랐다. 무게를 벽에 분산시킨 하기아 소피아와는 달리 블루 모스크는 거대한 네 개의 '코끼리 다리' 같은 기둥이 돔의 하중을 견디도록 설계되었다.

모스크 내부는 푸른빛이 도드라진 이즈니크 타일로 장식되어 있었다. 2만여 장에 이르는 이 타일들은 17세기 오스만 도공들의 정교한 수공예 기술이 응축된 작품이다. 정교한 문양과 깊은 색감은 공간 전체를 마치 별이 반짝이는 밤하늘처럼 만들었다. 머리 위로 늘어진 수많은 전등은 은은하면서도 따뜻한 빛을 드리워 경건하면서도 포근한 분위기를 만들어 주었다. 이런 이유로 '블루 모스크'라는 별칭이 붙었고 세상에서 가장 아름다운 모스크라는 칭송을 받는다. 기능과 아름다움을 모두 담아낸 오스만 제국의 자존심이었다.

여기에 더해 권위의 상징인 미나레트가 무려 여섯 개나 세워졌다. 그런데 제국의 자존심이 완공되자 뜻밖의 문제가 생겼다. 메카의 대모스크 역시 여섯 개의 미나레트를 가지고 있었기 때문이다. 사람들은 '감히 성스러운 메카의 위엄에 도전하는가?'라며 논란을 일으켰다. 이에 오스만 술탄은 메카의 대모스크에 미나레트를 하나 더 설치하도록 지원해 문제를 원만히 해결했다.

모스크 관람을 마치고 나오면 팔각 분수가 있는 내부 광장이 우리를 맞이한다. 손발을 씻으며 기도를 준비하는 공간이다. 모스크 관람을 마친 사람들은 이곳 대리석 바닥에 앉아 잠

아카디아 호텔 루프탑에서 본 하기아 소피아와 블루 모스크

시 숨을 고르거나 동행과 사진을 찍으며 추억을 남기곤 한다.

　　1453년 콘스탄티노플을 점령했을 때 오스만은 이교도의 상징인 하기아 소피아 성당을 허물 수도 있었다. 그러나 오스만은 비잔틴의 유산을 부정하기보다 오히려 자신들의 문화 안으로 끌어안았다. 정복지의 문화를 배척하지 않고 예술과 건축, 학문을 재해석하며 조화롭게 융합해 나간 것이다. 이러한 포용의 태도는 이슬람 문명이 다른 지역으로 빠르게 확산할 수 있는 원동력이 되었다. 그리고 그 포용과 재창조의 정신은 블루 모스크의 푸른 돔 위에서도 숨 쉬고 있었다.

　　그 감동을 안고 우리는 근처의 아카디아 호텔의 루프탑 레스토랑 '파인다인 이스탄불'로 향했다. 여행객들 사이에서 '뷰 맛집'으로 소문난 이곳의 테라스에 서면 왼편엔 하기아 소피아가, 오른편엔 블루 모스크가 한눈에 들어온다. 두 문명의 축복을 받듯, 우리는 그 사이에 서서 다정히 사진 한 장을 남겼다.

이즈니크 타일로 장식한 블루 모스크

비잔틴의 정교함과 오스만의 웅장함, 기독교의 전통과 이슬람의 신앙은 이곳에서 조화를 이루고 있었다. 시대와 문명은 달라도, 각자의 미감과 정신은 서로를 지우지 않은 채 나란히 빛났다. 진정한 위대함은 차이를 허물지 않고 품는 데서 시작된다. 그리고 이스탄불은 그 공존을 증명하고 있었다.

갈라타 다리, 이스탄불의 일상 속으로

이스탄불에서 맞는 이틀째. 본격적인 도시 탐방에 나섰다. 트램으로 스쳐 지나치기만 했던 갈라타 다리로 향했다. 이곳은 언제나 활기가 넘친다. 부두엔 페리에서 타고 내리는 사람들로 북적이고 수산물 시장엔 갓 잡은 물고기가 펄떡인다. 다리 난간에는 낚시꾼이 줄지어 서 있다. 아래에선 뱃고동 소리가 요란하게 울려 퍼지지만 물고기들은 아랑곳하지 않는 듯 잘도 잡힌다. 양동이를 들여다보니 씨알은 굵지 않아도 수확은 제법이다.

다리 아래로 내려가면 고소한 냄새가 먼저 반긴다. 이곳의 명물 '고등어 케밥'이다. 가판대는 물론 보트 위에서도 연기가 피어오른다. 한입 베어 물자 고등어의 기름진 식감과 아삭한 채소가 의외로 잘 어울렸다. 입 안 가득 바닷바람 같은 짠 내가 스쳤다.

갈라타 다리 한가운데 섰다. 앞쪽으론 보스포루스 해협이 시원하게 펼쳐지고 뒤편엔 골든홀 *Golden Horn*이 잔잔히 빛났다.

갈라타 다리 아래층에는 바다를 마주한 레스토랑들이 줄지어 있다. 발릭 에크메크(생선 샌드위치)와 해산물 요리를 맛볼 수 있다.

갈라타 다리에는 언제나 낚싯대를 드리운 사람들이 줄지어 서 있다. 이스탄불의 일상이자 풍경이다.

이스탄불은 말 그대로 유럽과 아시아를 잇는 관문이다. 한 걸음만 옮겨도 대륙이 바뀌는 이곳은 고대로부터 군사와 무역의 요충지였다. 로마는 동방과의 연결을 염두에 두고 이곳을 전략적 수도로 삼았다. 그 결정은 훗날 이 도시를 '문명의 교차로'로 만든 출발점이었다.

바다의 관점에서도 이스탄불은 언제나 중심이었다. 북쪽 흑해에서 남쪽 지중해로 향하는 유일한 해상 루트, 보스포루스 해협에서 마르마라해를 지나 다르다넬스 해협과 에게해로 이어지는 물길의 한복판 그 중심에 바로 이스탄불이 있다.

유럽과 아시아를 잇는 보스포루스 해협에는 흥미로운 그리스 신화가 깃들어 있다. 바람기로 악명 높은 제우스는 헤라의 사제였던 순결한 이오$_{Io}$를 유혹했다. 이를 알아챈 헤라가 질투에 사로잡혀 분노하자 제우스가 이오를 하얀 암소로 변신시켜 숨긴다. 그러나 분노한 헤라는 여기서 멈추지 않았다. 그녀는 이어서 피를 빨아먹는 쇠파리 떼를 보내 이오를 괴롭혔다. 파리 떼에 시달린 이오는 고통을 피해 방랑의 길에 나선다. 그러던 중 어느 날 이오는 한 해협을 건넌다. 그곳이 바로 오늘날의 보스포루스$_{Bosporus}$. 즉 암소$_{Bos}$가 길$_{Porus}$을 건넜다는 의미에서 유래한 이름이다.

제우스가 헤라에게 용서를 구하면서 마침내 이오는 본래의 모습으로 돌아온다. 그녀는 이집트로 건너가 결혼한 뒤 훗날 최고 여신 이시스$_{Isis}$로 추앙받는다. 고통과 구원의 신화를 간직한 이오의 이야기는 지금도 보스포루스 해협을 따라 잔잔히 흐

보스포루스 해협에 얽힌 그리스 신화 장면. 제우스가 이오를 흰소로 변신시켰으나 아내 헤라(공작새 옆)가 이를 간파하는 순간이다. 헤라의 눈치를 보고 있는 수염 난 남자가 제우스다.

르고 있다.

지금은 관광 명소로 더 알려졌지만 이곳은 수천 년 동안 제국들이 서로 차지하기 위해 피를 흘리며 다퉜던 격전지였다. 고대 페르시아의 다리우스 1세는 이곳에 부교를 놓고 해협을 건너 유럽과 충돌했다. 이후 비잔틴과 오스만은 이곳에서 치열한 혈투를 벌였으며 현대에는 1차 세계대전의 피비린내 나는 격전지가 되었다. 과거의 영화는 간데없고 이제는 세계 각국에서 온 관광객들이 셀카봉을 들고 그 자리를 채우고 있다. 역사의 무게 위에 사람들의 웃음이 겹쳐지고 있었다. 시간은 흐르지만 기억은 늘 그 자리에 남아 있다.

비잔티움-콘스탄티노플-이스탄불

갈라타 다리를 둘러본 후 시장도 구경하고 선물도 살 겸 그랜드 바자르로 향했다. 구글 맵은 길치들을 위한 첨단기술의 축복이다. 여기저기 기웃거리며 게으름을 피우면서 가도 30분이면 충분했다. 가는 길 양옆엔 조그만 상점들과 카페들이 빼곡하게 줄지어 있었다. 중간중간 불쑥 나타나는 큼직한 고기 꼬챙이를 돌리는 케밥 집들은 지나가는 발걸음을 붙잡아 군침을 돌게 했다. 가판대에선 로쿰을 파는 상인들이 다정하게 관광객을 불러 세웠고 상점마다 걸린 현란한 광고 글씨는 골목에 이국적인 정취를 더해 주었다. 이렇듯 이스탄불은 골목마다 2천 년의 숨결이 배어 있어 걸어야 제맛인 도시였다.

이스탄불의 거리를 천천히 걷다 보면 도시 곳곳에서 비잔틴*Byzantine*이라는 단어가 눈에 자주 들어온다. 이 낯익은 단어는 기원전 667년 고대 그리스인들이 이곳에 세운 식민 도시 비잔티움*Byzantium*에서 비롯되었다. 전설 속 그리스 지도자 뷔잔타스*Byzantas*에서 따 온 것이다.

330년 로마 제국의 콘스탄티누스 대제는 제국의 중심을 동쪽으로 옮긴다. 이것은 지리적·군사적인 측면을 고려한 것이었다. 또 기독교 중심 도시로 새롭게 태어나려는 종교적인 이유도 깔려 있었다. 그는 자신의 이름을 따서 콘스탄티노플*Constantinople*이라 칭하고 로마를 계승할 새로운 제국의 수도로 선언했다.

1461년부터 이어져 온 이스탄불 그랜드 바자르 입구.
내부에는 수천 개의 상점이 있다.

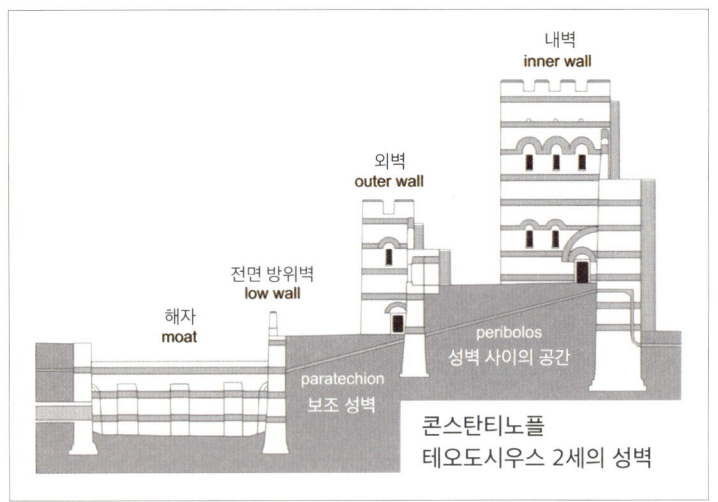

삼중의 테오도시우스 2세 성벽 구조 단면도. 바깥쪽의 해자와 낮은 성벽, 중간 외벽, 그리고 가장 높은 내벽으로 이어지는 난공불락의 삼중 방어체계이다.

395년 로마 제국이 동서로 분열되자 콘스탄티노플은 자연스럽게 동로마 제국의 수도가 되었다. 행정 수도로서의 기능을 뛰어넘어 이 도시는 정치와 종교, 예술을 이끄는 새로운 로마의 심장으로 자리 잡았다.

6세기 중반 콘스탄티노플은 비잔틴 제국의 찬란한 전성기를 맞았다. 비잔틴 미술은 눈부시게 꽃피었고 그 정점에서 하기아 소피아 성당 같은 걸작이 탄생했다. 이 도시는 예술의 수도이자 동서 교역의 중심지였으며 삼면이 바다로 둘러싸인 난공불락의 요새였다. 육지에는 삼중 방호 체계로 유명한 '테오도시우스 성벽'이 도시를 감싸고 있었다. 해자와 이중 성벽, 그 너머의 높은 내벽까지 철벽의 삼중 방어가 천년 동안 이 도시를 지켜 냈다.

　이 성벽은 천 년 가까이 외적의 침입을 막아 내며 제국을 지켜 냈다. 단 한 번, 1204년 4차 십자군 원정 당시 기독교 내부의 배신으로 무너진 적을 뿐이다. 800년 후인 2001년, 교황 요한 바오로 2세는 이 사건에 대해 공식 사과했다.

　1453년 마침내 오스만 제국의 대포가 성벽을 뚫었다. 천년을 버틴 비잔틴은 무너졌고 새로운 제국의 서막이 그 자리에서 열렸다. 역사는 그렇게 또 한 겹을 넘기며 비잔틴은 시간의 저편으로 사라졌다.

　그 성벽 아래 천년을 기억하고 있는 골목을 따라 나는 걸었다. 전쟁의 그림자를 뒤로하고 다시 현재의 거리로 발걸음을 옮기며 거리를 구경하다 보니 어느새 그랜드 바자르에 도착했다. 시장은 천장이 완전히 덮인 실내 공간으로 거대한 돔 아래 수천 개의 상점이 미로처럼 얽혀 있었다. 길이나 가게 번호를 기억해 두지 않으면 길을 잃기 딱 좋다. 같은 곳을 몇 번 돌기도 했다.

　우리는 푸른색 악마의 눈 부적인 나자르 본주 *Nazar Boncugu*를 몇 개 고르고 로쿰을 사기 위해 근처 상점에 들렀다. 관심을 보이자 상인이 적극적으로 응대했다. 주인은 지나가는 소년을 불러 사과 홍차를 주문해 주었다. 장난감 찻잔 같은 앙증맞은 유리잔에 홍차를 내왔다. 가게 한쪽에 서서 각설탕 하나를 넣고 달콤한 홍차를 마셨다. 귀한 손님 대접을 받는 기분이었다. 그곳에서 로쿰을 샀다.

　바자르의 역사는 오스만 제국의 탄생과 함께 시작되었다.

이스탄불 그랜드 바자르 내부. 흰색 아치 천장에는 화려한 문양 장식이 있고, 붉은 튀르키예 국기가 걸려 있다.

노점에서 판매 중인 달달한 터키 디저트 로쿰

거리의 기념품 가게. 푸른 눈 모양의 나자르 본주 부적, 터키 조명, 팔찌, 마그넷 등이 있다.

이곳은 오스만 경제의 심장부였고 수백 년 동안 실크로드와 동서 무역의 허브 역할을 해 왔다. 먼 옛날 유럽과 중동에서 사막과 바다를 넘어 도착한 대상들이 이곳에 물건을 풀어놓고 값을 흥정하며 웃음꽃을 피웠을 것이다. 길 위에서 노상강도를 만난 무용담을 자랑하며.

배가 산을 넘다 - 콘스탄티노플 함락의 전설

◆

오후에는 보스포루스 크루즈를 타기 위해 다시 갈라타 다리 근처의 에미뇌뉘 선착장으로 갔다. 선착장에는 각양각색의 크루즈 배들이 가득했고 2만 원 남짓한 가격이라 부담도 없었다. 우리는 에미뇌뉘에서 출발해, 보스포루스 해협의 두 번째 다리인 파티흐 술탄 메흐메드 대교까지 갔다가 돌아오는 코스를 택했다.

확 트인 바다로 나오자 가슴이 뻥 뚫리는 기분이었다. 시원한 물보라를 맞으며 배 난간에 기대어 바다 풍경을 바라보았다. 멀리 돌마바흐체 궁전이 모습을 드러냈고 배는 보스포루스 대교를 지나 흑해 쪽으로 시원하게 달렸다. 해변을 따라 고급스러운 저택과 모스크, 호텔들이 차례로 늘어서 있었다. 오스만 시대의 성채 루멜리 히사르 *Rumeli Hisar*가 멀리 모습을 드러낼 즈음 570여 년 전 이 바다에서 벌어졌던 전설 같은 장면이 떠올랐다.

1451년, 스무 살의 나이에 오스만 제국의 술탄이 된 메흐메드 2세는 두 해 뒤 콘스탄티노플 정복에 나섰다. 그는 육지의 테오도시우스 성벽을 피해 바다 쪽에서 공격을 시작했다. 성벽 앞에서 수 차례의 포격이 이어졌지만 골든혼 *Golden Horn* (금각만) 해협 어귀에 드리운 거대한 쇠사슬은 또 하나의 난관이었다. 당시 쇠사슬은 중세 방어 기술의 핵심적인 수단이었다. 바다를 통한 침공을 원천 봉쇄하는 난공불락의 장치였다. 오스만 함대는 성으로 접근이 불가능했다. 그때 메흐메드는 기상천외한 명령을 내렸다.

"배를 산 위로 끌어올려라!"

배가 갈라타 언덕을 넘는 작전이었다. '배가 산으로 간다'는 속담은 일이 잘못된다는 의미이지만 메흐메드는 '배가 산으

유럽과 아시아를 연결하는 보스포루스 대교. 물리적 연결은 물론 문화·역사적으로도 동서양이 만나는 통로 역할을 한다.

로 가서' 작전에 성공했다. 하룻밤 사이 기적 같은 일이 벌어졌다. 오스만 제국의 병사들은 기름칠한 통나무 위에 배를 올려놓고 소와 말의 힘을 빌려 70여 척의 함선을 산 위로 끌어올렸다. 말 그대로 배가 산을 넘은 것이다.

    이튿날 아침 골든혼 안쪽 바다를 가득 메운 오스만 함대를 보고 비잔티움 수비병들은 혼비백산했다. 이는 1453년 5월 29일 천년 제국의 몰락으로 이어지는 전환점이 되었다.

    크루즈 위에서 나는 골든혼 언덕을 유심히 바라보았다. 언뜻 보기에도 제법 가파른 경사였다. 저 언덕을 넘어 배를 끌어올렸다는 것이 믿기지 않았다. 무함마드의 축복이었을까, 아니

갈라타 언덕을 넘는 오스만 함대. 배들이 언덕을 넘어가고 있다. 술탄 메흐메드 2세

면 지하드 정신의 승리였을까. 아지랑이 피어오르는 언덕 너머로 메흐메드 2세와 병사들의 함성이 바람을 타고 들려오는 듯했다. 가까이 보이는 돌마바흐체 궁전에는 그날의 치열한 전투를 그려 낸 그림이 전시되어 있다.

그날 역사가 다시 쓰였다. 1453년 5월 29일 천년 동안 굳게 닫혀 있던 성문이 드디어 열렸다. 술탄 메흐메드 2세는 오스만 제국의 수도를 콘스탄티노플로 옮겼다. 오스만 제국이 유럽에 진출하기 위한 전략적 요충지로 콘스탄티노플이 적당했기 때문이다. 메흐메드 2세는 이 도시의 이름을 '이스탄불'로 바꾸었다. 콘스탄티노플은 장장 1,123년 동안 비잔틴 제국의 수도 역할을 다하고 이스탄불이라는 새 이름으로 거듭났다.

오스만 제국은 아시아와 유럽을 잇는 다르다넬스 해협을 장악하며 빠르게 유럽으로 세력을 확장했다. 콘스탄티노플이라

1453년 메흐메드 2세가 콘스탄티노플 함락 후 당당히 입성하는 장면. 비잔틴 제국의 몰락과 새로운 오스만 시대의 개막을 상징한다.

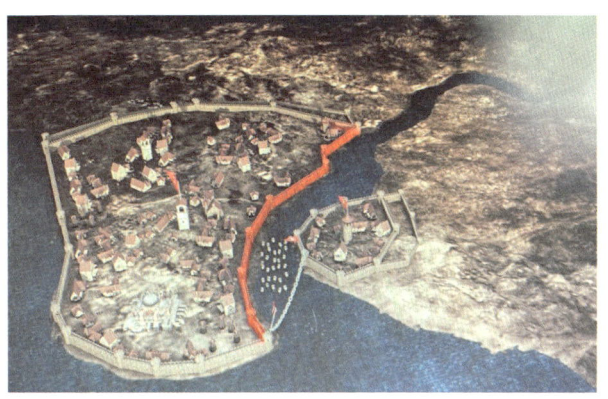

함락 직전의 콘스탄티노플 평면도. 삼중 성벽으로 둘러싸인 도시와 골든 혼을 가로막은 쇠사슬 방어선이 보인다.

는 방파제가 무너지자 오스만은 서유럽으로 민물처럼 쏟아져 들어갔다. 발칸 반도는 오스만 제국의 지배 아래 놓였고 헝가리와 오스트리아까지 위협했다. 16세기 쉴레이만 대제의 통치 아래 오스만 제국은 최절정에 달했다. 그 시절의 오스만에 대한 공포가 유럽인들의 유전자에 아직까지 남아 있다.

오스만의 세력 확장으로 유럽에서는 예상치 못한 일이 벌어졌다. 콘스탄티노플 함락이라는 나비의 날갯짓으로 유럽의 '대항해 시대'가 촉발된 것이다. 기존의 교역로였던 지중해 연안을 오스만 제국이 차지해 버리자 유럽은 불가피하게 지중해를 우회하는 새로운 항로를 개척해야 했다.

1492년 신항로 개척 도중 뜻밖에 신대륙을 발견하게 되면서 유럽은 곧 식민지 시대를 열게 된다. 또 콘스탄티노플의 학자들과 지식인들이 서유럽으로 옮겨 감으로써 학문과 기술이 전파되어 르네상스가 열리는 계기가 된다.

훗날 이를 바탕으로 서유럽 국가들은 오스만을 침탈하며 아랍 지역을 식민지화하는 반전의 역사를 쓴다. 역사는 돌고 도는 법이다. 오스만 제국과 유럽의 오랜 대립은 끝났지만 그 역사의 그림자는 현재에도 드리워져 있다.

탁심 광장, 공화국의 심장

바다의 전설을 뒤로하고 우리는 다시 오늘의 도시로 걸어 나왔다. 우리는 한국의 광화문 광장처럼 혁명과 권력의 그림자가 드리워진 탁심 광장으로 향했다. 갈라타 다리에서 북쪽으로 이어지는 오르막을 따라 걷다 보면 어느새 갈라타 타워를 지나 젊음과 예술의 거리 이스티클랄_Istiklal_에 이르게 된다. 이스탄불의 심장이라 불리는 이 활기찬 거리의 끝자락에 탁심 광장이 펼쳐진다.

광장 한가운데에는 공화국 기념비가 우뚝 서 있다. 그 중심엔 근대 튀르키예의 아버지 무스타파 케말 아타튀르크_Mustafa Kemal Atatürk_가 동지들과 함께 광장을 내려다보고 있었다. 수많은 시민과 여행자들, 그리고 광장을 가득 채운 젊은이들을 향해 그는 말없이 그러나 단단한 시선을 보내고 있었다. 그는 오늘의 튀르키예를 만든 근대화의 상징이자 공화국의 시작이었다.

한때 아시아, 유럽, 아프리카를 지배하던 오스만 제국은 19세기에 이르러 유럽 열강들의 등쌀에 시달리며 '유럽의 병자'로 전락한다. 급기야 제1차 세계대전 때는 독일을 주축으로 한 동맹국으로 줄을 잘못 서는 바람에 패전국의 처지가 되고 1919년 승전국들은 세브르 조약을 통해 오스만 제국의 해체를 공식화한다. 영국과 프랑스는 중동 지역을 나눠 갖고 그리스는 서부 아나톨리아 지역과 콘스탄티노플을 차지하려고 했다. 서아시아를 호령

튀르키예의 국부 무스타파 케말 아타튀르크

하던 오스만이 아나톨리아반도 귀퉁이로 쪼그라드는 치욕적인 상황이 된 것이다.

　이때 제1차 세계대전 갈리폴리 전투의 영웅 케말 아타튀르크가 다시 한 번 등장한다. 그가 이끄는 튀르키예 독립군은 사카리아 강 인근에서 배수진을 치고 그리스군을 궤멸하는 대승을 거두며 반격을 시작했다. 1923년 케말 아타튀르크는 '로잔 조약'을 체결하며 오늘날의 튀르키예 국경을 확정 짓는다. 이 조약에서 그리스는 비잔틴 제국의 계승자임을 자임하며 수도 콘스탄티노플을 차지하려 백방으로 노력했다. 그러나 케말 아타튀르크가 누구인가? 끝까지 이스탄불을 고수했다. 결국 에게해의 섬들 대부분은 그리스에 넘겨졌지만 튀르키예는 이스탄불을 지켜 냈다.

　케말 아타튀르크는 1923년 튀르키예 공화국을 수립하고

초대 대통령으로 선출되었다. 그는 오스만 제국의 잿더미 위에서 근대 국가의 기틀을 세운 혁명가였다. 국가의 근대화를 위해 강력한 세속화와 서구화 정책을 추진했던 그는 유럽식 법 체계를 도입하고 수백 년 동안 사용하던 아랍 문자를 버리고 튀르크식 로마 문자로 바꾸는 대대적인 문자 개혁도 단행했다. 이는 튀르키예의 '세종대왕'이라 불릴 만한 언어와 국민 정체성의 혁신이었다.

수백 년 간 이슬람 체제 속에 살던 무슬림들의 저항도 있었지만 케말 아타튀르크는 조국의 근대화를 위해 강력한 리더십을 발휘했다. 그러나 오늘날의 튀르키예는 다시금 신앙과 전통을 중시하는 방향으로 흐르고 있다. 예전의 보수적인 이슬람 국가로 회귀하는 분위기이다. 과연 케말 아타튀르크와 동지들이 염원했던 국가는 지금 우리가 보고 있는 이 모습일까, 아니면 또 다른 역사적 변곡점을 지나고 있는 중일까? 21세기의 튀르키예는 과거의 유산을 안고 유럽과 아시아 사이에서 새로운 길을 모색하고 있다.

이슬람 문화

같은 단어 다른 의미, 이맘

이맘 Imam 은 아랍어로 '앞서 이끄는 자' 또는 '본보기가 되는 자'를 뜻하며, 이슬람 세계에서 지도자를 지칭하는 용어다. 그러나 이 단어는 수니파와 시아파에서 전혀 다른 의미와 위상을 지닌다.

먼저 수니파에서 이맘은 예배를 이끄는 기능적 역할을 한다. 모스크에서 예배를 인도하는 사람을 이맘이라 부르며 만 20세 이상의 무슬림이라면 누구나 이맘이 될 수 있다. 공동체 내에서 연장자이거나 종교 지식이 풍부한 이가 그날의 예배를 주관한다. 특히 금요일에 공동 예배 Jumu'ah 를 드릴 때는 학식 있는 이맘이 설교 Khutbah 를 통해 삶의 태도, 도덕, 사회 이슈를 종교적으로 해석해 공동체에 방향을 제시한다. 모스크에 울리는 이맘의 목소리는 단지 설교가 아니라 공동체의 도덕과 삶을 일깨우는 메아리이기도 하다. 이에 따라 이맘은 여론 형성에 영향력을 갖는 존재가 되기도 한다.

일부 아랍 국가에서는 이러한 종교적 영향력을 정치적으로 통제하기 위해 정부가 이맘을 직접 임명하고 급여를 지급하는 제도를 운영하고 있다. 이처럼 수니파 사회에서 이맘은 점차 공식화된 종교 직업인으로 자리 잡았으며 그 역할은 기독교의 목사와 유사하다. 이는 곧 세속 권력이 종교적 영향력을 제도권 안에 가두려는 한 단면이라 할 수 있다. 반면 시아파에서 이맘은 그저 예배만을 인도하는 존재가 아니다. 이맘은 신의 대리자이자 절대적인 권력을 지닌 종교 지도자이며 예언자 무함마드의 혈통을 잇는 성스러운 인물로 여겨진다.

첫 번째 이맘은 무함마드의 사촌이자 사위인 알리였고, 두 번째는 그의 아들 후세인이었다. 그리고 그 후손으로 열두 번째 이맘까지 계보가 이어진다. 이 중 마지막 이맘인 무함마드 알 마흐디 Muhammad al-mardi 는 기원후 868년 홀연히 자취를 감췄다. 앞선 열한 명의 이맘은 후계자를 남겼고 그들의 무덤 또한 지금까지 전해진다. 그러나 열두 번째 이맘만은 그렇지 않았다. 그는 어디에도 묻히지 않았고 어디에도 존재하지 않는다.

시아파들은 사라진 이맘이 예수처럼 언젠가 재림하여 인류를 구원할 것이라 믿는다. 그가 세상 어딘가에 은둔한 채 정의가 무너진 이 땅에 다시 나타나 시아파를 구원할 것이라 여긴다. 그는 골목 어귀의 노파일 수도 있고 시장의 물장수로 모습을 감췄을 수도 있다. 언젠가 그가 다시 나타나면 세상은 다시 정화되고 진리의 질서가 회복될 것이라고 시아파는 굳게 믿고 있다. 이처럼 언젠가 돌아올 이 이맘을 마흐디 Mahdi 라 부르며 이는 기독교의 메시아 사상과 닮은 종말론적 신앙의 핵심이다. 이러한 믿음을 악용해 스스로를 '이맘 마흐디'라고 주장하는 사이비 구원자들이 역사 속에서 간간이 등장한다.

시아파에서는 이 열두 이맘만이 신의 뜻을 계승한 정통 지도자라 믿는다. 그래서 열두 번째 이맘 이후로는 누구도 '이맘'이라 불릴 수 없다. 그러나 단 한 명, 1979년 이슬람 혁명을 이끈 아야툴라 루홀라 호메이니 Ayatollah Ruhollah Khomeini (1902~1989)에게는 예외적으로 '이맘'이라는 칭호가 붙었다. 그는 팔

오늘날의 이란 이슬람 공화국을 세운 혁명의 지도자, 이맘 호메이니

레비 왕조의 억압 속에서 새로운 이슬람 질서를 구축한 인물로 여겨졌다. 이는 그의 위상을 반영한 상징적인 의미였다. 현재 이란의 최고 지도자인 하메네이 *Ali Khamenei*(1939~)조차도 '이맘'이라 불리지 않는다.

이렇듯 수니파와 시아파의 '이맘'은 같은 단어지만 전혀 다른 함의와 위계를 지닌다. 하지만 서로 다른 종파에서 '이맘'은 각자의 길을 비추는 등불이자 그들의 역사와 정체성을 견고히 세워 준 이름이었다.

● 캠프 엿보기 ●

파키스탄에서 온 이발사 '리즈완'

특별히 잘 챙겨 먹은 것도 없는데 머리카락만큼은 성실하게 자란다. 사막 한가운데서도 이발은 한 달에 한 번 어김없이 찾아오는 월간 업무였다.

캠프 이발소에는 이발사가 두세 명 번갈아 가며 근무했는데 내가 갈 때마다 주로 파키스탄 출신 '리즈완'이 담당이었다. 외국인이 한국인의 나이를 짐작하기 어렵듯 나도 그의 나이를 가늠하기 어려웠다. 어떻게 보면 젊어 보였지만 사담 후세인을 연상케 하는 큼직한 콧수염 때문인지 나이 들어 보이기도 했다. 이슬람 전통에서는 단정한 수염이 신앙의 품위를 상징한다. 이발사라는 직업이 무색하게 그의 머리 숱은 듬성했고 불룩하게 나온 배는 이발 내내 내 어깨를 툭툭 건드렸다.

이발소 내부는 단출했다. 미니멀리즘을 실천하는 공간처럼 널찍한 실내에 가구가 듬성듬성 놓여 있었다. 벽에는 그 흔한 연예인 사진 하나 없었고 네 개의 이발 의자와 거울, 긴 소파, 그리고 낡은 잡지 몇 권이 전부였다.

이발 도구도 소박했다. 삐죽한 빗이 달린 이발 가위와 바리깡, 그리고 일반 가위 한두 개. 그마저도 한국 이발소에서 흔히 볼 수 있는 티타늄 가위는커녕 색종이용 가위를 닮은 작고 투박한 가위가 전부였다. 그렇지만 훌륭한 목수는 연장 탓하지 않는다는 말처럼 리즈완은 그 조그마한 가위로 머리를 그럭저럭 잘 다듬었다.

직원들이 원하는 헤어 스타일은 늘 "조금만 정리해 주세요 *Just a trim*." 정도였다. 특별히 꾸미는 사람도 없었고 사막 한복판에서 멋을 부릴 이유도 없기 때문이었다.

한번은 동료들이 팁을 주면 서비스를 더 잘 해 준다고 귀띔해 주었다.

나도 다음엔 팁을 챙겨 갔다. 이발 후보다 전에 주는 것이 낫겠다 싶어 미리 건넸더니 고맙다는 말은 없었지만 특별 서비스인 듯한 '두피 마사지'를 해 주었다. 손가락 끝에 힘을 주어 두피를 두세 번 잡아당기듯이 지압하는 간이 마사지였다. 20~30초 남짓이었지만 은근히 시원했다. 팁 덕분이었는지는 지금까지도 알 수 없다.

이발이 끝나면 리즈완은 어깨를 툭툭 치면서 "핸섬"이라고 말하며 오른쪽 엄지를 내밀었다. '멋지다'는 뜻이 아니라 '이발이 끝났다'는 의미다. 아직도 기억에 남는 이 이발관의 독특한 문화는 머리를 감겨 주지 않는다는 것이다. 대신 드라이기의 바람 세기를 최대로 틀어 머리를 털어 주었다. 그것이 파키스탄식인지, 아랍식인지, 리즈완식인지는 알 수 없다. 사실 파키스탄은 지리적으로는 남아시아에 있지만 문화적으로는 이슬람권이라 중동과 닮은 구석이 많다. 핸섬을 들은 후에는 재빨리 숙소로 달려가서 씻었다. 그런데 신기하게도 불만을 제기하는 사람이 아무도 없었다. 불만 대신 모두 더 빨리 뛸 뿐이었다.

휴가 가기 전 이발소에 들렀다. "한국으로 휴가 가니 멋진 스타일로 해 달라."고 했다. "OK. Boss, No. Problem!" 리즈완은 유쾌하게 대답하며 나름 심혈을 기울여 이발해 주었다. 그날의 '핸섬'은 늘 하는 말인데도 말보다 더 많은 마음이 담겨 있는 듯 다정하게 다가왔다.

참고 문헌

김수완, 《종교 너머 도시》, 쑬딴스북, 2023
김중식, 《이란-페르시아 바람의 길을 걷다》, 문학세계사, 2017
박정욱, 《중동은 왜 싸우는가?》, 지식프레임, 2018
서정민, 《이슬람은 그렇게 말하지 않았다》, 시공사, 2015
양정무, 《난처한 미술 이야기 1~3》, 사회평론, 2016
엄익란, 《중동 이슬람 문화여행》, 한울, 2024
이세형, 《중동 인사이트》, 들녘, 2024
이원복, 《먼나라 이웃나라》, 김영사, 2018
이윤기, 《그리스 로마 신화》, 웅진지식하우스, 2000
이희수, 《이슬람 학교 1,2》, 청아출판사, 2015
차옥숭, 《예루살렘 성지·전장》, 그린비, 2014
최정동, 《로마제국을 가다 2》, 한길사, 2009

사진 출처

1부. 이란_페르시아만 너머의 땅

- 에람 정원 저택 https://ko.wikipedia.org/wiki/%EC%97%90%EB%9E%8C_%EC%A0%95%EC%9B%90
- 날개 달린 수호신 라마수 https://commons.wikimedia.org/wiki/Category:Gate_of_All_Nations#/media/File:GateOfAllNations-Frontview.jpg
- 아후라 마즈다에게 링 받는 왕 부조 https://en.wikipedia.org/wiki/Ahura_Mazda#/media/File:Irnp105-Grobowce_Naqsh-E_Rustam.jpg
- 사자-황소 부조 https://en.wikipedia.org/wiki/File:Nowruz_Zoroastrian.jpg#/media/File:Nowruz_Zoroastrian.jpg
- 아후라 마즈다 https://www.worldhistory.org/Ahura_Mazda/
- 카르발라 아슈라 https://en.wikipedia.org/wiki/Ashura#/media/File:Tuwairij_run_5.jpg

2부. 오만_신드바드의 고향, 바람과 돌의 나라

- 싱크홀 https://en.wikipedia.org/wiki/Bimmah_Sinkhole
- 무산담 국경사무소 https://uaestories.com/uae-oman-border-crossing-a-comprehensive-guide-for/
- 와디샤브 동굴폭포 https://www.klook.com/ko/activity/94699-visit-wadi-shab-bimmah-sinkhole/
- 호르무즈해협 지도 https://en.wikipedia.org/wiki/Strait_of_Hormuz#/media/File:Strait_of_hormuz_full.jpg
- 바라쿠다 와인샵 https://www.originalbarracuda.com/
- 모스크의 무아딘 https://www.worldatlas.com/articles/what-does-a-muezzin-do-at-a-mosque.html

3부. 아랍에미리트_전통과 첨단이 공존하는 나라

- 아부다비 루브르 https://www.louvreabudhabi.ae/en/about-us/architecture
- 아부다비 루브르 작품 https://en.wikipedia.org/wiki/Louvre_Abu_Dhabi#/media/File:LouvreAD_exterior.jpg
- 아부다비 맹그로브숲 https://visitabudhabi.ae/en/where-to-go/parks-and-zoos/mangrove-national-park
- 헤리티지 빌리지 https://visitabudhabi.ae/ko/what-to-see/historical-and-cultural-attractions/heritage-village
- 두바이몰 https://www.11prop.com/articles/dubai-mall
- 팜주메이라 전경 https://www.visitdubai.com/ko/explore-dubai/dubai-neighbourhoods/palm-jumeirah
- 바다에-땅을 쌓는 사진 https://www.travelzoo.com/uk/blog/7-mind-blowing-facts-about-how-dubais-palm-jumeirah-was-built/

- 두바이 크리크 https://www.tripadvisor.co.kr/Attraction_Review-g295424-d324481-340
- 모조품 상점 https://www.aljazeera.com/economy/2024/11/28/luxury-brands-are-betting- big-on-india-and-so-are-counterfeiters
- 마리나 도우 크루즈 https://experiences.myrealtrip.com/products/3852190

4부. 이집트_나일강의 선물, 부활에 진심인 나라

- 나일강 지도 https://www.egypttoursportal.com/en-us/history-of-the-nile-river/
- 멘카우레 왕과 하토르 여신 https://ko.wikipedia.org/wiki/%EB%A9%98%EC%B9%B4%EC%9A%B0%EB%A0%88
- 고대 이집트 농업 벽화 https://kids.kiddle.co/Image:Agricultural_Scenes,_Tomb_of_Nakht_MET_DT306954.jpg
- 태양의 배 https://en.wikipedia.org/wiki/Khufu_ship#/media/File:Giseh_Sonnenbarke_07.jpg
- 투탕카멘 황금 마스크 https://en.wikipedia.org/wiki/Tutankhamun#/media/File:Cairo EgMuseumTaaMaskMostlyPhotographed.jpg
- 세티 1세 왕가의 계곡 https://en.wikipedia.org/wiki/Tomb_of_Seti_I
- 세티 1세의 무덤 https://egypt-museum.com/burial-chamber-of-the-tomb-of-seti-i/
- 아부심벨 https://kr.trip.com/travel-guide/abu-simbel-19950/tourist-attractions-photo/

5부. 이스라엘_세 종교의 심장이 뛰는 곳

- 다마스커스 게이트 https://en.wikipedia.org/wiki/Damascus_Gate
- 성전산 바위돔 사원 https://en.wikipedia.org/wiki/Dome_of_the_Rock
- 비아 돌로로사1 https://israelmyglory.org/article/via-dolorosa/
- 비아 돌로로사2 https://www.seetheholyland.net/via-dolorosa/
- 성묘교회건물 https://ko.wikipedia.org/wiki/%EC%84%B1%EB%AC%98%EA%B5%90%ED%9A%8C
- 성묘 교회 내부 https://en.wikipedia.org/wiki/Church_of_the_Holy_Sepulchre#/media/File:Golgota,_chr%C3%A1m_Bo%C5%BE%C3%ADho_hrobu,_Jeruzal%C3%A9m.jpg
- 마사다 전경 https://en.wikipedia.org/wiki/Masada
- 시기리야 https://en.wikipedia.org/wiki/Sigiriya

6부. 요르단_중동의 붉은 꽃

- 사해 신문 보는 남자 https://en.wikibooks.org/wiki/File:Dead_sea_newspaper.jpg#/media/File:Dead_sea_newspaper.jpg
- 왕의 도로 https://www.intofarlands.com/short-stories/kings-highway-jordan
- 와디럼 전경 https://en.wikipedia.org/wiki/Wadi_Rum
- 와디럼 야경 https://www.bedouinroads.com/overnight.html

7부. 레바논_폐허 속에서도 노래하는 나라

- 백향목 https://en.wikipedia.org/wiki/Cedars_of_God
- 로만 목욕탕 https://en.wikipedia.org/wiki/Roman_Baths,_Beirut
- 에우로페의 납치 https://en.wikipedia.org/wiki/Europa_(consort_of_Zeus)
- 제이타 동굴1 https://www.lebanontours.info/jeita-grotto.html
- 제이타 동굴2 https://en.wikipedia.org/wiki/Jeita_Grotto
- 바알벡 전경 https://en.wikipedia.org/wiki/Baalbek
- 비블로스1 https://en.wikipedia.org/wiki/Byblos
- 비블로스2 https://www.regencyholidays.com/blog/things-to-do-in-byblos/

8부. 튀르키예_이곳은 유럽인가, 아시아인가?

- 보스포루스 이오 신화 https://en.wikipedia.org/wiki/Io_(mythology)
- 콘스탄티노플 함락 https://worldofwarships.asia/ko/news/history/constantinople-siege/
- 테오도시우스 성벽 https://en.wikipedia.org/wiki/Walls_of_Constantinople
- 메흐메드 2세, 콘스탄티노플 평면도 https://www.thehistorycorner.org/articles-by-the-team/the-conquest-of-constantinople-1453
- 아타튀르크 사진 https://www.emu.edu.tr/en/news/news/great-leader-mustafa-kemal-ataturk-to-be-commemorated-in-emu/1206/pid/4176
- 이맘 호메이니 http://en.imam-khomeini.ir/

※ 출처 목록에 없는 사진은 저자가 직접 촬영한 것입니다.

중동이 건넨 말들

초판 1쇄 발행 2025년 10월 30일

지은이 백정순

펴낸이 윤주용
편집 도은주, 류정화 | 마케팅 조명구 | 홍보 박미나
외주편집 박미정

펴낸곳 초록비책공방
출판등록 2013년 4월 25일 제2013-000130
주소 서울시 마포구 동교로27길 53 308호
전화 0505-566-5522 | 팩스 02-6008-1777

메일 greenrainbooks@naver.com
인스타 @greenrainbooks @greenrain_1318
블로그 http://blog.naver.com/greenrainbooks

ISBN 979-11-993853-9-9 (03810)

* 정가는 책 뒤표지에 있습니다.
* 파손된 책은 구입처에서 교환하실 수 있습니다.
* 저작권을 준수하여 이 책의 전부 또는 일부를 어떤 형태로든 허락 없이
  복제, 스캔, 배포하지 않는 여러분께 감사드립니다.

어려운 것은 쉽게 쉬운 것은 깊게 깊은 것은 유쾌하게

초록비책공방은 여러분의 소중한 의견을 기다리고 있습니다.
원고 투고, 오탈자 제보, 제휴 제안은 greenrainbooks@naver.com으로 보내주세요.